わたしは13歳、シリア難民。

認定NPO法人 国境なき子どもたち（KnK）─編著

故郷が戦場になった子どもたち

合同出版

この本を読むみなさんへ

シリアという国では、紛争がもう7年間もつづいています。* シリアの紛争がなぜはじまり、シリアの人びとがどのような目に遭っているのかを、この本でお話ししたいと思っています。

私たち、国境なき子どもたち（ＫｎＫ）は、１９９７年に日本で設立されたＮＧＯです。20年以上にわたり、カンボジアやフィリピンなどの東南アジアでストリートチルドレンへの支援をつづけ、津波や地震で被災した国ぐにの子どもたちに対し、みなさんと同じように教育を受け、自立できるよう手助けしてきました。

２０１８年現在、活動してきた国は15カ国（地域）を数えます。２０１３年からは、シリアのとなりの国、ヨルダンでシリア難民*の支援活動をおこなっています。ヨルダンには、シリア紛争で故郷を追われ、難民*になったシリア人が

＊シリアにおける紛争：２０１１年、シリア政府軍と反体制派の間で起きた武力衝突がきっかけとなり、２０１８年現在もつづいている。36ページ参照。

＊シリア難民：シリアにおける紛争によって、国外へと逃れた人びとのこと。２０１７年12月現在、約５５０万人いるとされており、トルコ、レバノン、ヨルダン、エジプトなどの近隣諸国に暮らしている。14、41ページ参照。

＊難民：12ページ参照。

たくさん暮らしているのです。

私たちのスタッフが、ヨルダンの難民キャンプ*や、キャンプの外で出会った子どもたちを紹介することから、シリア難民のお話をはじめましょう。

この本は、2017年から約1年かけて書き上げました。読んでくださったみなさんが、シリア難民の子どもたちのためになにかしたいと感じ、自分なりの行動を見つける参考になったら、大きな喜びです。

2018年10月　国境なき子どもたち　執筆者一同

***難民キャンプ：** 紛争や自然災害、伝染病などで住む場所を追われ、ほかの土地に避難しなくてはならなくなった人たちが、集まって暮らしている場所。

絵本『アイランと戦争』

もしも、この幼いシリア人の男の子について知りたいと思ったら、彼の目をのぞき込んでみてください。彼の美しい瞳が、彼がどんなに壮絶な体験をしたのか、すべてを教えてくれるでしょう。

ある日、アイランという幼い男の子が家で無邪気に遊んでいると、家のすぐ近くでとても大きくて怖い音がしました。アイランは怖くて泣きはじめました。お父さんはアイランがとても怖がって泣いているのを聞きつけ、そばに駆け寄ってきました。

お父さんはアイランのことを心配し、家族を危険から守るために、外国に避難することを決めました。しかし、このときはまだ

この決断の背後に隠された、これから起こる悲痛な運命を知る由もありませんでした。アイラン一家*は、外国に渡るために大勢の人とともにボートに乗り込みました。

大きな波がボートにぶつかり、アイランの家族も海に投げ出されてしまいました。大勢の人が溺《おぼ》れて死んでしまいました。*

アイランのお父さんは無事に砂浜にたどり着きましたが、アイランが波に運ばれ、砂浜に打ち上げられているのを見つけました。その衝撃的な光景を見たお父さんは、打ちのめされました。生き残ったのは自分1人。死んだ妻と2人の息子を想い、声を上げて泣きました。

最愛の息子とすべての家族を亡くしたお父さんは泣きつづけまし

***アイラン一家：**お父さん、お母さん、兄（5歳）、アイラン（3歳）の4人家族。

*2015年9月2日、トルコのボドルム港で起きた事件（42ページ参照）。

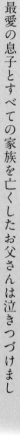

た。安全を求めて自分の国を命からがら逃れてきたのに、アイランはゴクラクチョウとなって神様のもとに行ってしまいました。

家族全員を失ったアイランのお父さんはシリアに帰りました。家族を亡くし、希望までも失いました。どんなに強く願ってもアイランたちが帰ってくることはありません。

アイランの悲しい事件が世界中で報道されたあと、世界中の人びとがシリア人が置かれている状況を気にかけはじめました。しかし、大勢のシリア人が家族を失っていて、この痛みを完全に消すことはできません。すべてのシリア人が悲しみや痛みを心にきざんで生きているのです。

私たちシリア人は、祖国がまた以前のように安全な国にもどることを願っています。神様がシリアをまた安全な国に

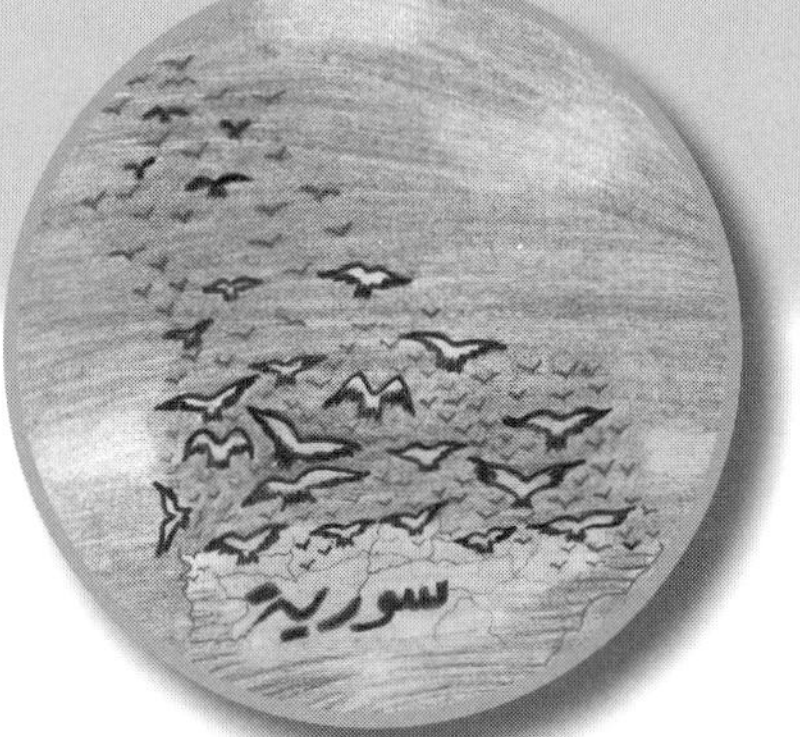

導いてくれることを祈っています。

なぜ罪のない子どもたちがこんなにも悲痛な運命をたどらなければならないのでしょうか。子どもたちはこの不公平な国にとどまることができません。

どうしてこんなにも悲痛な運命をシリア人は経験しなければいけないのでしょうか。この戦争によって多くのシリア人の血が無駄に流れ、多くの人びとが家族を失い、悲しみに浸っています。

「どうぞ私の国にご慈悲を。どうぞ私の国にご慈悲を。子どもたちが泣いています。私の国ははじめて悪魔に支配された国となりました」

■ザアタリ難民キャンプに暮らす女の子（9年生）が授業でつくった絵本より

もくじ

＊凡例：この本に登場する人びとの体験や現状は、現地で活動するスタッフたちが聞きとったものです。登場人物の名前は、一部をのぞいてすべて仮名です。

装幀：守谷義明＋六月舎
組版：酒井広美（合同出版制作室）
図版作成：shima.
写真提供：安田菜津紀
国境なき子どもたち

■この本に出てくる国と地域

第1章
私たちがヨルダンで出会った
シリア難民の子どもたち

「学校に行けなくて、ずっと泣いていたの」 ――アヤさん（15歳）

アヤさんが小学校2年生のとき、シリアで武力による衝突がはじまりました。アヤさんが住んでいたホムス*という街にも、戦争の影がしのび寄ってきたので、お父さん、お母さん、きょうだいたちと、シリアの首都ダマスカス*に避難しました。でも、ダマスカスの街にも爆弾や銃撃の音が鳴り響き、恐ろしくて家の外へ出ることはできませんでした。必要最低限の買い物で外へ出るとき以外は、家族全員ただただ部屋の中でじっと過ごす日々でした。

アヤさんたちは、学校にも行けず、爆弾の恐怖で毎日泣いてばかりでした。お母さんは、子どもたちの気持ちをなんとか楽にしようと、家で勉強を教えてくれましたが、それでも、アヤさんは学校に行きたくてたまりませんでした。

アヤさんが小学校できちんと勉強できたのは、1年生のときだけでした。

「とても仲の良い友だちが3人いたけれど、今どうしているのか、連絡をとる方法もわからない……」

アヤさんの友だちも難民*になってどこにいるかわからないと、とてもさみし

＊ホムス：シリア西部にある都市。ホムス県の県都である。

＊ダマスカス：シリアの首都。世界最古の都市の1つといわれている。32ページ参照。

＊難民：人種、宗教、国籍もしくは特定の社会的集団の構成員であること、または政治的意見を理由に迫害を受けるおそれがあるという十分に理由のある恐怖を有するために、国籍国の外にいる者であって、その国籍国の保護を受けられない者またはそのような恐怖を有するためにその国籍国の保護を受けることを望まない者（難民の地位に関する条約第1条A(2)による定義）。

■アヤさんと弟

げに私たちに話しました。

シリアの紛争により、約550万人*の人びとが難民として登録され、周辺の国ぐにに避難しているといわれています。紛争前のシリアの人口は約2102万人（世界銀行、2010年時点）ですから、ほぼ4人に1人が難民となっているのです。

紛争がはじまる2011年以前のシリアでは、ほぼすべての子どもが学校に通い、識字率も95％を保っていました。でも、今では、シリア国内にいる学齢期の子ども*のうち、3人に1人が学校に通えていません*。周辺国に逃れたシリア難民の子どもたちも、トルコでは約40％、レバノンでは約60％、ヨルダンでは約37％が学校に通えていません。

アヤさん家族が首都のダマスカスへ避難した数カ月後、ここも戦場になってしまいました。しかたなく、故郷のホムスへ一度はもどったものの、空爆で破壊し尽くされ、もう住むことができませんでした。見る影もなくなったわが家をあとにして、今度はとなりの国ヨルダン*を目指しました。

アヤさん一家は、シリアとヨルダンの国境を無事に越えることができましたが、国境で待っていたバスに有無を言わさず乗せられました。50人以上が乗れ

＊ 参考文献：IOM Appeal 2018 レポート「Syria Crisis」（2018年2月）

＊シリアの義務教育：6～12歳まで。

＊シリアの就学状況：紛争がはじまってから、世界でもっとも生徒の在籍数が低い国の1つになってしまった。避難先で学校に通うチャンスがあっても、授業についていくことがむずかしかったり、新しい学校になじめなかったりと辞めていく子どもがいる。

＊ヨルダン：北にシリア、東はイラク、南はサウジアラビア、西はパレスチナ自治区とイスラエルに囲まれた中東の国。2010年（シリア難民流入以前）の人口は約718万人。首都はアンマン。48ページ参照。

る大型バスに、大人も子どももお年寄りも大量の荷物とともに乗せられ、そのままザアタリ難民キャンプ*に連れて行かれました。

アヤさん家族がザアタリ難民キャンプに着いたのは4月でしたが、すでに暑い季節になっていて、砂塵《さじん》が舞ういちばんひどい時期でした。

このザアタリ難民キャンプは、砂漠の中にあって、シリアで住んでいた町とは環境がまったく違っていました。容赦なく吹きつけてくる砂で、着いてすぐにアヤさんたちは気管支炎にかかってしまいました。

1週間後、アヤさん家族はキャンプを出て、親戚《しんせき》を頼ってヨルダンの首都アンマンにあるパレスチナ難民のためのキャンプ*に移ることにしました。パレスチナと国境を接しているヨルダンには、もう70年も前からパレスチナ人が難民となって移り住んでいたのです。

パレスチナ難民キャンプは、ヨルダン政府から区域が指定されているため、必要な道路以外の土地には家屋がひしめき合っています。アヤさん一家が住んでいるジャバルアルフセインキャンプの建物はどれも狭くて外界からの明かりが差し込まず、日差しの強い夏場でも暗くて、ひんやりしています。

難民になった人びとは住む家を追われ、仕事も奪われて、命からがら故郷を

＊ザアタリ難民キャンプ：２０１２年7月、ヨルダンで最初につくられた難民キャンプ。シリア国境からわずか15キロのマフラック県東部に位置し、国内最大規模の難民キャンプ。50ページ参照。

＊パレスチナ難民キャンプ：１９４９年にパレスチナ難民の救済を目的として設立された国連機関である、国際連合パレスチナ難民救済事業機関（ＵＮＲＷＡ）によって提供されている公式キャンプ。１９４８年から67年まで断続的に起きていた中東戦争や、イスラエル軍の攻撃でヨルダンに逃げてきたパレスチナ人たちの難民キャンプ。現在、ヨルダン国内にはアンマンなど10カ所にある。

あとにした人びとですから、経済的に余裕があるはずはありません。さまざまな不自由がありますが、一般居住区より物価が安い難民キャンプに住むことを選ぶシリア難民家族もいます。

アヤさんは、11歳のときにヨルダンの小学校*に通えるようになりましたが、シリアでは1年生までしか学校に行かなかったので、5年生の勉強についていける自信がありませんでした。

お母さんが、3年生からはじめたいと学校に申し入れましたが、学校に空きがなく、5年生に編入することになりました。心配していたように、授業がまったくわからず、進級試験に落ちてしまいました。

「ほかの子たちよりも年上なのに、授業がまったくわからないのは、すごく恥ずかしかった」「それでも、学校で勉強できる。クラスに友だちができて、学校に行けるのがほんとうにうれしかった」と話していました。

14歳のときにやっと6年生に上がる進級試験に合格しました。アヤさんは、クラスの中でもいちばん年上なので、先生の荷物をとりに行ったり、プリントを配るのを手伝ったり、クラスメイトの面倒もよくみています。先生たちにも信頼されていて、学校での彼女の顔は、狭くて暗い家にいるときよりも輝いて

■アヤさんが住んでいるジャバルアルフセインキャンプの通り

＊ヨルダンの義務教育：6～16歳の10年間。基礎教育学校として、小学校6年、中学校4年。その後、さらに中等教育として、普通課程と職業課程の2年間の教育課程に進む道がある。シリアでは中学卒業まで男女共学の学校もあるが、ヨルダンでは、小学校1年生から男女別の公立校が多い。

います。

「働くことを自分で選んだんだ」――ヤコブくん（15歳）

ヨルダン北部にあるザアタリ難民キャンプの入り口に、お菓子やコーヒーを売っているお店があります。ヨルダン人のオーナーのもとで、15歳のヤコブくんは毎日、朝6時から夜6時までこの売店で働いていました。お給料は月150JD*（約2万3000円）です。

難民キャンプの警察や国連職員*、NGOで働くヨルダン人や外国人*、キャンプを出入りするシリア人などが朝からひっきりなしにお店にやってきては、お菓子やジュースを買ったり、コーヒーを注文したりします。

あとでくわしく紹介しますが、難民キャンプは国連難民高等弁務官事務所（UNHCR）が管理して、そのもとで国際NGOといわれる支援団体が難民キャンプの中で活動しているのです。私たち国境なき子どもたち（KnK）も、時期により変動しますが、1〜3人の日本人スタッフ、2〜18人のシリア人スタッフ、2〜12人のヨルダン人スタッフで活動してきました。

＊JD（Jordanian Dinar／ヨルダン・ディナール）：ヨルダンの通貨単位。1JDは日本円で約150円（2018年3月時点）。

■ヨルダンの紙幣・通貨

＊国連職員：キャンプの管理・運営は、国連難民高等弁務官事務所（UNHCR）はじめ、国連児童基金（UNICEF）や世界食糧計画（WFP）などの国連職員が担っている。

＊NGOで働く海外スタッフ：セーブ・ザ・チルドレン、Relief International、Oxfam など各国の国際NGOのスタッフが活動している。

シリア南部のダラアにある東カラク村出身のヤコブくんは、1年生から3年生までをシリアの学校に通いました。キャンプの中にある公立の学校は午前と午後で男女が分かれていますが、当時通っていたシリアの学校は、男女が同じ教室で一緒に学んでいました。理科の授業が興味深くて好きだった、と話すヤコブくん。

ヤコブくんは11歳のときに、家族と一緒にヨルダンへと逃げてきました。そして、キャンプの中にある学校には4年生から通うことになりました。

9年生になったある日、ヤコブくんは学校の中で友だちとぶつかり、その友だちが転んでけがをしてしまう事故が起きました。けんかをしていたわけではなく、ヤコブくんがわざとぶつかったわけでもないのですが、友だちが顔に切り傷を負ってしまい、ヤコブくんは先生たちから怒られました。校長先生からは「もう学校に来るな」といわれ、学校自体が怖い場所になってしまったヤコブくんは、ほかの学校で勉強をする気も失くしてしまい、学校に行けなくなってしまいます。

そして、ヤコブくんは、無理に学校に行くことよりも、働くことを選びました。

■ヤコブくんと家族たち。
右端、帽子をかぶっているのがヤコブくん。家の前で

自ら働くことを決めたヤコブくんは、毎日、ひっきりなしにお客さんがやってくるお店で一生懸命働いていました。挽《ひ》いたコーヒー豆をそのまま煮出すアラビックコーヒーを手際よくつくったり、暑い夏によく売れる凍らせたペットボトルの水の在庫を確認したり、すばやく暗算でお釣りの計算をしたり。買い物に来るいろいろな国籍の大人たちを相手に、いつも黙々と、そして笑顔で真面目に働いていていました。

しかし、ある日その仕事にも行けなくなってしまいました。オーナーから突然解雇されてしまったのです。

仕事を辞めたヤコブくんに「もう一度学校に行く気は?」と聞くと、「もう一度働きたい」と答えました。「校長先生に学校を追い出されてから、学校に行く気はまったくなくなってしまったし、働くことのほうが好きだから」と。

シリア人の難民としての立場は弱く、理不尽なことをされても、抵抗することはむずかしく受け入れるしかありません。それはあらゆる場面においていえることでした。学校で勉強する機会も、働く機会も奪われてしまったヤコブくん。それでもヤコブくんは、もう一度働ける場所を前向きに探して、今は農場で果物を収穫する仕事に就いています。

■キャンプ内の出店で働く少年

「将来の夢は？」と聞くと、「あんまり将来のことは考えたくないんだ。自分が大きくなったとき、思い描いていた将来と違っていたら悲しくなってしまうから」と、ヤコブくんは大人びた顔をしながら、まだあどけなさも残っている顔ではにかんで答えます。

さて、お客さんがたくさんやってくるお店の前には、「運び屋さん」が待機しています。キャンプの入り口で、車から降ろした荷物をキャンプの中に運び込んだり、キャンプから引っ越す人の荷物を運ぶのが、一輪車を引く「運び屋さん」の仕事です。

これもあとで紹介しますが、ザアタリ難民キャンプの中には商店街もあって、いろいろな商品が外から持ち込まれて売られているのです。

ヤコブくんの友だち、オマルくんも「運び屋さん」でした。午前中は運び屋さんとして働き、11時45分からはじまる授業にあわせて学校に通っていました。真夏も真冬も、キャンプの中を行き来して荷物を運ぶオマルくんが、弟とお母さんの生活を支えていました。

新学期がはじまったある日、毎朝見かけるオマルくんがこの店の待機場所にいませんでした。スタッフがヤコブくんに尋ねると、「オマルは家族と一緒に

■「運び屋さん」

シリアに帰ったよ」といいました。どんな事情があったのかはわかりませんが、オマルくんは家族とともにシリアに帰ったのです。

学校で授業を受け持っている私たちは、授業中、誰《だれ》よりも積極的に発言をし、先生たちの仕事の手伝いをしていたオマルくんの姿が忘れられません。

私たち大人には、子どもが子どもらしく勉強できる場を提供する義務があります。それでも、働くことを自分で選んだヤコブくんや、家族と一緒にシリアに帰ったオマルくんの将来を思うと、彼らが望む、自分がなりたいと思えるような将来がヤコブくんたちに待っていますようにと、願ってやみません。

「なにを考えているの?」「ワラ　イシー（なんにも）」

——アブダルラハマーンくん（11歳）

5年生になるアブダルラハマーンくんの、学校での様子が気になるのは、私たちだけではありませんでした。授業中なのにどこか一点を見つめてじっとしていたり、書きとりの授業なのにさっぱり手が動いていなかったりする様子を、学校の先生たちも目にしていました。

私たちがアブダルラハマーンくんの家を家庭訪問*したときも、家族が学校で

***家庭訪問**：KnKのスタッフが家庭を訪れて、保護者からの事業評価、家庭状況の調査などをしている。

の様子を心配して聞いてきました。

アブダルラハマーンくんの家は、首都ダマスカスの真ん中、市場や店が軒を連ねるにぎやかな町にありました。シリアで紛争がはじまると、両親といとこ、おばあさんと一緒にヨルダンに逃げてきました。

ヨルダンにやってきてしばらく経ったある日、お母さんがスーパーに買い物に行くといったきり、帰ってきませんでした。それからは行方不明です。お父さんはクウェートで仕事があるので、いつもヨルダンの家にはいません。

「ダマスカスにいたころは子どもらしい、利発で元気な子だったんです。両親から捨てられたと、この子は思っているんです」

いとこのお姉さんが、いつもアブダルラハマーンくんのことをお母さんのように優しく見守っていることが救いです。

別の家族からも似たような話を聞くことがあります。避難生活は想像を絶するきびしさがあり、家族を捨ててしまう親たちがいるのも事実なのです。

シリア人だということでいじめられたり、街中でいやな言葉を投げつけられた子どもたちも少なくありません。町に出ても遊び場もなく、子どもたちはほとんど外へ出ることがありません。アブダルラハマーンくんも、家でずっと大

■アブダルラハマーンくんが住むアパートメントの入り口

人たちの携帯電話をいじっていることが多く、いとこのお姉さんも心配していますが、ほかにできることがないと途方に暮れています。

私たちがおばあさん、いとこのお姉さんと話をしている間、アブダルラハマーンくんは、ずっと自分の細くて白い指をいじりつづけていて、話を聞いているかどうかもわかりません。

「この子はこうしてずっと、なにかを考えているの」。いとこのお姉さんが説明してくれたので、「今なにを考えているの?」と尋ねてみましたが、「ワライシー(なんにも)」と、ぼそっとつぶやくだけでした。

将来はなにになりたいのか聞いてみると、アブダルラハマーンくんの返事が聞けました。

「パイロットになりたい」

シリアからヨルダンに逃げてきたとき、彼ははじめて飛行機に乗りました。

「乗ったときにはすごく怖かったけど、飛行機が雲の中を通って上がっていくときに、とってもわくわくしたから……」と、将来の夢を、すこしうれしそうな顔をして話しました。

子どもらしい話が聞けて安心したのですが、またすぐに指をいじりながら、

■アブダルラハマーンくん(右から2人目)と彼のきょうだい、おばあさん

うつむいてしまいました。私たちは、その様子をただ見守るしかありませんでした。

「シリアのことは、なにもおぼえていない」
――ムハンマドくん（15歳）

キャンプでの授業*を通じて出会った子どもの中に、とても優秀なムハンマドくん（15歳／9年生）がいます。1年生から4年生まではシリアの学校で勉強していました。ザアタリ難民キャンプにやってきて、5年生から学校に通うようになりました。

ムハンマドくんは両親と2人のお姉さん、お兄さんと弟の7人家族でキャンプ内に暮らしていますが、一番目のお姉さんとお兄さんはまだシリアにいて、会えないままです。

ムハンマドくんのお宅を訪問すると、威勢のよいお父さんが、家族を代表して、キャンプでの暮らしや家族の話をしてくれました。キャンプには世界中から来るボランティアがサッカー教室や英語教室などの活動をしていて、子どもたちがさまざまな活動に参加できる機会があり、ありがたいと思っているそう

***キャンプでの授業**：KnKはヨルダン教育省の許可を得て、ザアタリ難民キャンプ内の公立校で、、音楽・演劇・作文などの授業を提供している。

です。

「シリアにいたら、子どもたちはこういった経験は持てなかっただろうから」と感謝していました。ムハンマドくんは、写真教室に通っているといっていました。

シリアでドライバーとして働いていたお父さんは、「教育はほんとうにだいじだと思っている。自分の子どもたちにはよい教育を受けてもらおうと、妻と一緒にがんばってきた」と、自分たちの5人の子どもがどれだけ優秀か、誇らしげに話します。キャンプの中ではさまざまな支援を受けることができて、ほんとうにありがたいと、お父さんは笑顔で話してくれました。

ムハンマドくんに、「シリアの学校ではどうだったの?」と聞いてみました。すると、笑顔だったムハンマドくんは急に悲しそうな顔になり、「シリアにいたときのことはなにもおぼえていないんだ」「戦争がはじまる前、小さかったころの思い出も、シリアで戦争がはじまってヨルダンまでどうやって来たのかも、なにもおぼえていない」と、小さな声でいいました。

すると、お父さんは、「何度も引っ越しをした。何度もだ。住んでいた場所が危険になって安全な場所に引っ越し、そこも危険になり、また引っ越して。

■ムハンマドくん

ほんとうに何度も何度も引っ越しをした」と、声を荒らげました。

「私や妻は、もちろん美しかったシリアのことをおぼえている。戦争がはじまってどれだけたいへんだったかも、ヨルダンに逃げてくるまでの道中がどれだけつらかったかも、よくおぼえている。だけど、ムハンマドはなにもおぼえていないというんだ。申し訳ないが、そんな息子の前で、シリアの話はできない。キャンプに来てから5年が経つ。ここは平和で安全だ。それでも子どもたちは、いまだに飛行機の音を聞くとおびえて、飛行機の音は聞きたくないというんだ」

もしかしたら、ムハンマドくんにとってつらい思い出で埋め尽くされてしまったシリアのことは、おぼえていても話したくないことなのかもしれません。

「将来はなにになりたいの？」と話題を変えると、「医者になりたい。シリアにもどったとき、病気の人を助けたいから」と、いつもの笑顔にもどり、すこしはにかみながら答えてくれました。

近くで聞いていた弟も、「ぼくも医者になって、人を助けたいんだ」と答え、お父さんとお母さんはうれしそうに微笑んでいました。

■広大な砂地に開設されたザアタリ難民キャンプ

「キャンプに着いたとき、そこは真っ白な世界だった」
――ゼイドくん（12歳）

4年生のゼイドくん（12歳）は、いつもひょうきんで、クラスメイトや先生たちを楽しませてくれる人気者です。

8歳のとき、2年生の途中まではシリアの学校で学んだゼイドくんですが、ザアタリ難民キャンプの学校では1年生から学校に入り直しました。とにかく元気いっぱいで、演劇の授業では進んで主役を演じ、音楽の授業では誰よりも大きな声で歌い、教室では身を乗り出して発言をします。夏休みのサマーアクティビティには暑いなか毎日参加し、ゼイドくんの周りにはいつも楽しい笑いが起こっていました。

じつは、あとになって、ゼイドくんのお父さんが、夏休みの4カ月前に病気が原因で亡くなっていたことを知りました。お父さんを亡くして悲しいときでも、ゼイドくんはみんなを楽しませてくれていたのです。

ゼイドくんに、シリアでのこと、ヨルダンに逃げてくるまでのことを尋ねたことがあります。2年生までシリアで過ごした小学校生活は、ほんとうに楽しかったと話していましたが、きっといつもクラスメイトを楽しませていたのでしょう。

しかし、楽しかった彼の学校生活は、戦争によってあっという間に消えてなくなってしまいました。不穏な空気がすこしずつ町に忍び寄り、やがて軍隊が町に入ってきました。戦車が家のすぐ近くまで来て、ほんとうに怖かったこと、空からも飛行機が爆弾を落としてきて、地上にも空にも、どこにも逃げられないと思ったことをゼイドくんはとてもよくおぼえていました。

ゼイドくん一家は、シリアを離れることを決めましたが、シリアから逃げ出すことが軍隊に知れると、捕まったり、最悪の場合は殺されてしまいます。一家はこっそり家を出て、夜になると移動して、2日かけて徒歩と車でヨルダンとの国境に向かったそうです。

ヨルダンに着く前に軍隊に見つかって殺された人、疲れきって亡くなってしまう子どもやお年寄りもいたといいます。

国境に着いたとき、100人くらいは入れそうな大きなテントの中で、ヨルダン人と思われる男が「ヨルダンに来るな、シリアに帰れ」と、シリア人たちを殴っていたそうで、それを見たゼイドくんは、「せっかく国境まで来たのに

■サマーアクティビティに参加したゼイドくん（左から2人目）と友人たち

……」と悲しくなったそうです。

無事国境を越えたゼイドくん一家は、おじさんが暮らしていたザアタリ難民キャンプを目指しました。はじめて見たキャンプは、色がない、ただ真っ白な世界だと思ったそうです。同じかたちの白いテントがいくつも並び、シリアの故郷にあった緑や花はまったくなく、白い砂が舞っているだけの世界にしか見えなかったのです。それでも、キャンプに着いたときの安堵《あんど》感と、うれしかった気持ちを忘れることはできないといいます。

サッカーが大好きで、毎日友だちとボールを蹴《け》っているゼイドくんの将来の夢は、役者になることです。シリアにいた小さなころからずっと、夢は変わっていないそうです。

「どんな役を演じたいの？」と聞くと、「コメディアン！　シリアでテレビに出て、今よりたくさんの人を笑わせたいんだ」と、元気よく話してくれました。

■パフォーマンスデーで悪魔を演じるゼイドくん

第2章

なぜ、美しいシリアは、がれきの都市になってしまったの

紛争が起こる前のシリア

シリアは、世界でもっとも古い歴史を持つ地域の1つで、紀元前8000年ごろには、農耕がおこなわれていたといわれています。

10ページの地図を見てください。ユーフラテス川流域の「肥沃《ひよく》な三日月地帯」と名づけられたシリアの地は、古くからかんがい農業*がおこなわれていました。

今、シリアの首都になっているダマスカスには、紀元前3000年ごろから人びとが住みはじめ、世界でもっとも古い都市が形成された場所の1つといわれています。

もう一度地図を見てください。シリアは、西は地中海に面し、南はアフリカ、東はアジア、北はヨーロッパへとつづく、アジア・ヨーロッパ・アフリカを結ぶ交通の要です。そのために豊かな交易の都市が生まれましたが、一方で、古代からとなり合わせていたバビロニア王朝*やギリシャ帝国、ローマ帝国などに侵略され、その支配を受けてきました。7世紀に入ると、イスラム教勢

＊かんがい農業：灌漑《かんがい》は農地に水を供給すること。水路などをつくって農地に外から水を送り込むことで作物を栽培する農業。

■ダマスカス旧市街

＊バビロニア王朝：古代メソポタミア（現在のイラク）の南にあった王朝。首都はバビロン。

＊ウマイヤ朝：シリアの地を支配した史上初のイスラム教に基づく王朝（661～750年）。

力がシリアの地を支配し、ウマイヤ朝*のもとで、ダマスカスが首都になり、イスラム文化が花開きました。

ダマスカス旧市街にある世界遺産のウマイヤド・モスクは、もともとは教会として7世紀ごろに建てられたとされ、世界最古のモスク*として知られています。ウマイヤ朝のあと、エジプトのマムルーク朝やオスマン帝国の支配を受け、20世紀に入ってからはシリアはフランスの植民地*になります。

そして、第二次世界大戦後の１９４６年、シリアは正式にフランスから独立して、シリア共和国*になり、現在のシリアが生まれました。

国語はアラビア語が使われ、アラブ人が国民の90％を占めています。少数の民族としてクルド人やギリシャ人、アルメニア人がいます。

宗教はイスラム教スンニ派が約70％を占めており、シーア派の一派といわれているアラウィー派やドルーズ派と合わせると、約90％がイスラム教徒です。残りの約10％はキリスト教徒です。

イラクでは、イラク戦争後、スンニ派とシーア派、また少数派であるクルド人の対立が目立っていますが、シリアでは宗派間の抗争は、以前は表立ってはないといわれていました。ちなみに現在のアサド大統領は、少数派のアラ

＊モスク：イスラム教の寺院。礼拝をする場所。

■ウマイヤド・モスク

＊植民地：１９２０年にフランス・シリア戦争の結果、フランスがシリアを占領し、フランス委任統治領シリアになる（１９２０〜１９４６年）。第二次世界大戦終結の翌年（１９４６年）、シリア共和国として、フランスより独立。

＊シリア共和国：正式国名は、シリア・アラブ共和国。１９５８年、エジプトと連合、「アラブ連合共和国」になる。大統領制の共和国。

ウィー派の信者といわれています。

さきほども紹介したように、シリアは古くから農業で栄えた地域で、「シリアはどんな国でしたか？」と尋ねると、多くのシリア人が「平和で安全で、緑も水も豊かで、美しい自然にあふれていて、土地で採れる野菜や果物がほんとうにおいしくて、いい国だった」と答えます。

また、交易の中継点であったため、東西の食文化が交流して、バラエティに富んだすばらしい料理文化がシリアにはあります。今、アラブ地域で広く見かける料理の数々は、「もともとはシリア料理だった」といわれるほどです。サクランボやザクロのソースで味つけをした肉料理、ひよこ豆やレンズ豆を使ったスープやディップ、ズッキーニやナスをくり抜き、中にお米やひき肉を詰めて煮込んだ料理や、生の羊肉やヨーグルトを使った料理もあります。さまざまな種類のチーズをはじめ、気候風土が生んだ多様な保存食も多くあります。デザートにも注目すべきものがあり、甘いシロップがかけられたパイや、もちもちした生地でチーズを包んだお菓子など、おいしいシリア料理を挙げればきりがありません。

家族・親戚との付き合いを大切にし、客人や旅人をもてなす習慣は、アラブ

■豆とスパイスで炊いたお米にヨーグルトをかけていただく料理（ムジャッダラ）

の国ぐにではよく見られることですが、シリア人もまた、ホスピタリティが高く温かい人びとです。バス停の場所を聞くと、バス停まで連れて行ってくれる、道を歩けば「アハランワサハラン（ようこそ）」と、お茶やコーヒーを飲んでいかないかと声をかけられる、仲良くなると家に招待してくれて、ごはんをふるまい、泊まっていくようにとすすめてくれる。

そんなことがシリアを旅しているとよく起こり、シリアを訪れる人は誰でも、シリアの人びとの温かい優しさに触れることができました。そんな優しさに触れるたびに、彼らの心の余裕や強さを感じ、シリアを好きになってしまう、そんな温かい国でした。

また、紛争がはじまる前は多くの日本企業がシリアに進出しており、治安もよく、夜道に外国人が歩いても危険を感じることがない、安全な国でした。

「平和で安全で、美しい自然にあふれていた土地」は、２０１１年にはじまった紛争によって、破壊されていってしまいます。しかし、シリアの人びとの優しさは、国を追われて難民として生活をしていても、変わることはありません。物質的な余裕がなくても、家に招待しておいしい料理やコーヒーをふるまってくれたり、一緒に働くメンバーの体調を気遣ってくれたり、冗談を言っ

■セモリナ粉でつくられた生地でチーズやクリームを包んだスイーツ（ハラワトジュブネ）

て周りの人たちを楽しませてくれたり……。

どんなにつらくても、普段はその不満やつらさを口に出すことはせず、明るく懸命に日々を送っている人がたくさんいます。国を追われたシリアの人びとと仲良くなると、たとえ紛争が起きても、シリアを離れても、シリアの美しさは失われていないと感じます。

人に優しくできるというのは、自分の心に余裕がある証拠です。避難生活という困難な状況でも失われていないシリアの人びとの優しさは、心の強さから来るものなのかもしれません。

長引くシリア紛争のはじまり

シリアでは、47年間、親子2代にわたる政権がつづいています。2000年に現在のバッシャール・アル・アサド大統領*の父親ハーフェズ・アル・アサド大統領*が心臓発作で死亡すると、アサド現大統領は国民投票によって大統領に就任し、政権を引き継ぎました。父親の時代から長期政権を維持してきた一方で、政権に対する国民の批判を封じ込めることもありました。

＊バッシャール・アル・アサド（1965年9月11日～）：シリアの現大統領（2000年就任）。医師、軍人、政治家。前大統領ハーフェズ・アル・アサドの次男。眼科医としてシリア国外で暮らしていたが、父親のあとを継ぐはずだった長男と父親の死後、国民投票を実施、大統領に就任。2014年の大統領選では90％近い得票率を得て3選。

＊ハーフェズ・アル・アサド（1930年10月6日～2000年6月10日）：シリアの前大統領（在任1971～2000年）。クーデターで全権を掌握、30年にわたってシリアで政権を握っていた。

■紛争が起きる前のシリアの風景（写真提供：安田菜津紀）

■シリア国内で見られた、父ハーフェズ・アル・アサド大統領（左）と
息子バッシャール・アル・アサド大統領（右）の写真（2008 年撮影）

２０１１年3月、日本の東北地方や関東を大震災・大津波・原発事故が襲ったとき、８５００キロ以上離れたシリアでも、大きくシリアの歴史を変える事件が起こっていました。

シリアの南の方にあるダラアという町で、少年たちが反体制的な落書きを壁に書き、そのことで治安部隊に逮捕され、拷問されるという事件が起こりました。アサド政権のこの少年に対する拷問に怒った市民による抗議活動*が１つのきっかけとなり、アサド政権に対する大規模な市民の抗議デモに拡大していきました。

もちろん、この事件だけが原因で、反政府の運動がシリア全土に巻き起こったわけではありません。

じつは、このシリアの少年の落書き事件が起こる前、２０１０年の終わりから11年にかけて、北アフリカのチュニジア*やエジプト、中東各国で独裁政権に反対する民主化運動が拡大していたのです。

チュニジアでは、大統領の退陣を求めるデモが全土で起こり、２０１１年には大統領が国外に脱出しています。また、エジプトでは、２０１１年1月に起こった大規模な反政府デモによって、30年もの間大統領であったムバラク氏*が

***抗議活動**：２０１１年3月18日に起きた、アサド政権を批判した落書きをした少年への拷問・逮捕の仕打ちに抗議する市民と治安当局がダラアで衝突。政府側が軍隊を投入して鎮圧したことで市民に多数の死傷者が出た。

***チュニジアの民主化運動**：ジャスミン革命と呼ばれた。２０１１年、ベン＝アリー大統領が国外脱出、下院議長のフアド・メバザが暫定大統領に就任した。

***ホスニー・ムバラク**：１９２８年生まれ。エジプトの軍人、政治家。エジプト革命によって大統領を退陣（任期：１９８１年～２０１１年）。２０１２年、デモ隊の殺害に関与した罪で終身刑。２０１４年、公判棄却の無罪判決。

大統領の地位を追われています。

この一連の民主化運動は「アラブの春」と呼ばれ、日本でもたびたび報道されました。

これら周辺国で起こった民主化運動の影響もあり、シリアでも政府に反対する人びとの間で不満が爆発し、民主化を求めるデモが拡大していきました。国民のデモに対して、治安当局が強圧的に武力弾圧をおこなうようになり、事態は急速に悪化していきました。

当初は、「政権に抗議する人たち」対「政権」の構図だったシリアの民主化運動は、他国政府や国内外の過激派組織も加わり、複雑になっていきます。それにより、多数の死者と国内避難民、シリアから周辺国へ避難する難民を発生させる事態となったのです。

21世紀最大の人道危機

2011年3月以降、シリア紛争での死亡者*は少なくとも25万人ともいわれ、家を追われた人びとは1200万人にも上ります。1万人以上の子どもが

＊参考文献：国連発表データ（2015年8月17日）

犠牲になっていると推測され、21世紀最大の人道危機といわれています。

子どもたちが通っていた学校も、紛争下では攻撃の対象になり、家にじっと息をひそめて閉じこもるしかありませんでした。実際、シリア国内の3分の1の学校が閉鎖*されています。空爆で破壊されてしまったり、武装勢力に占拠されたり、避難民の避難所として使われる学校もあります。

病院も爆撃を受け、その半数が十分に機能していないといわれています。必要な医療品や手術器具が手に入らないのです。

国連児童基金（UNICEF）の事務局長もたびたび声明を発表しており、子どもたちの生命の維持と健全な成長のための保健医療サービスが崩壊していることを訴えています。暴力が激化した地域では、数カ月の間に、栄養不良に陥った子どもの数が5倍に増えたケースも報告されています。

国際NGOセーブ・ザ・チルドレン*が2017年3月に発表したシリア国内の子どもたちの「メンタルヘルスに関する報告書*」では、爆撃や暴力行為に日常的にさらされつづけた結果、子どもたちが示すストレス反応はもっとも危険なレベルに達していると報告されています。

セーブ・ザ・チルドレンの報告では、PTSD（心的外傷後ストレス障害*）

＊閉鎖される学校：戦闘の激しい地域では地下を教室にして、授業をつづけている学校もある。

＊国際NGOセーブ・ザ・チルドレン：子どもの支援活動をおこなう国際組織。シリア危機への対応としてはシリアおよびヨルダン、レバノン、イラク、エジプトなどの周辺国でシリア難民支援にとりくんでいる。

＊メンタルヘルスに関する報告書：「見えない傷（Invisible Wounds）6年に及ぶ紛争がシリアの子どもたちのメンタルヘルスに与える影響」（2017年3月）

＊PTSD（心的外傷後ストレス障害）：強烈なショック体験や強い精神的ストレスがこころのダメージとなり、時間が経ってからも、その経験に対して強い恐怖を感じるもの。震災などの自然災害、火事、事故、暴力や犯罪被害などが原因になるといわれている。突然、怖い体験を思い出す、不安や緊張がつづく、めまいや頭痛がある、眠れないといった症状が何カ月もつづいたり、数年経ってから症状が出てくることもある（厚生労働省）。

の症状として、夜尿症や言語障害が現れたり、暴力的になったり、薬物乱用や自殺未遂にいたる例なども確認されています。大人も子どもも想像を絶する恐怖とストレスにさらされつづけているのです。

安全な場所であるべき学校が破壊されたり、肉親や友だちが目の前で殺害されるという悲劇がくり返されています。毎日の爆撃は極度の精神的な傷を子どもたちに与えていますが、子どもたちに対するケアは十分にはおこなわれていません。戦闘が激しい地域には支援団体さえ立ち入れないからです。

のちほどくわしく紹介しますが、私たちがシリアのとなりの国ヨルダンでおこなう授業に通ってくるシリアの子どもたちが描く絵や作文からも、戦闘がつづく日々がいかに過酷であったかがわかります。

国外へ脱出する人びと

2011年3月から7年、紛争以前のシリアの人口*の約半数の人びとが住んでいた家を追われ、約660万人が国内避難民*になって国内を転々と移動することを余儀なくされ、約550万人*の人びとが安全を求めてシリアを脱出し、

■ザアタリ難民キャンプに逃れてきた子どもがつくった絵本。タイトルは「炎の雨」

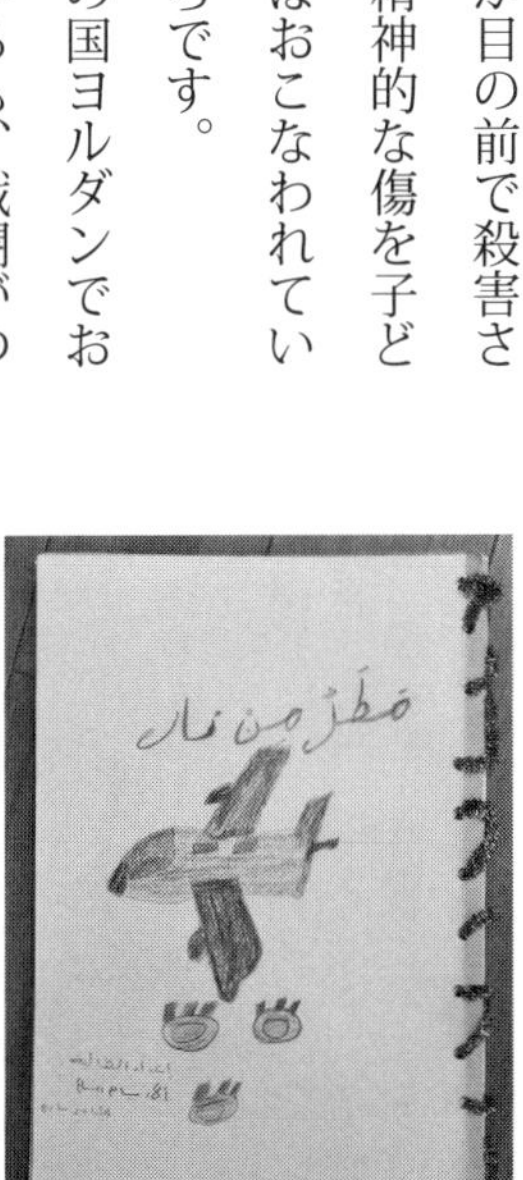

＊シリアの人口：14ページ参照。

＊国内避難民（Internally Displaced Persons：IDPs）：内戦や暴力行為、深刻な人権侵害や、自然もしくは人為的災害などによって家を追われ、自国内での避難生活を余儀なくされている人びと（国連人道問題調整事務所＝OCHAの定義）。

＊参考文献：IOM Appeal 2018 レポート「Syria Crisis」（2018年2月）

難民として国連難民高等弁務官事務所（ＵＮＨＣＲ）*に登録されています。

この約５５０万人のシリア難民が隣国のヨルダンをはじめ、トルコ、レバノン、エジプトなどの周辺諸国に避難し、中にはギリシャへ渡り、ギリシャからヨーロッパへ移動した人びともいます。

簡易なゴムボードに何十人もが乗り込み、危険を承知で地中海を渡る様子は何度もニュースで放映されたので、記憶されている方もいると思います。このように自身や家族の安全を求め、国内避難民となったり、国外に逃れたりする難民があとを絶ちません。

２０１５年9月2日早朝、総勢21人のシリア難民が乗っていたギリシャのコス島に渡るボートが、トルコのボドルム*を出港した直後に高波にのまれて転覆してしまいました。9人が救助されましたが、12人が溺死《できし》しました。ボート転覆から数時間後には、海岸に打ち上げられたアイラン・クルディくん*の遺体の写真が世界に発信され、難民たちの命の危険をともなう過酷な旅の実態を世界に伝える結果となりました*。

この事件は世界中のマスコミが報道し、ネットでは海岸に打ち上げられたアイランくんの遺体画像が配信され、シリア難民の置かれた過酷な実情が知られ

＊国連難民高等弁務官事務所（ＵＮＨＣＲ）：1950年に設立された国連機関の1つ。紛争や迫害により難民や避難民となった人びとを国際的に保護・支援し、難民問題の解決へ向けた活動をおこなう。

＊ボドルム：トルコ西部にある観光地の港町。

＊アイラン・クルディくんの一家：クルド系シリア難民の4人の家族。3歳のアイランくんと、5歳ガリプくん、母親のレハンさんが死亡。お父さんのアブドラさんだけが助かった。

＊参考文献：Süddeutsche Zeitung:"Aylan Kurdi, drei Jahre alt, ertrunken im Mittelmeer"（2015年9月3日）

ることになりました。

子どもたちが難民になるってどんなことだろう

子どもたちにとって、難民になるとはどういうことなのでしょうか。住み慣れた家やよく遊んだ公園、大好きだった友だちとの別れ……。なかには、家族全員で避難することができず、離れ離れになることもあるでしょう。たくさんの荷物を持って行けず、お気に入りの洋服やだいじにしていたぬいぐるみ、ゲームなども置いていかなければなりません。

生まれ育った町や国を去るとき、どんな気持ちだったのでしょうか。安全を求めてシリアを脱出し、やっとの思いでほかの国にたどり着いても、新しい生活環境になじむのはたいへんなことです。

たとえば、ヨルダンではシリアと同じアラビア語が話されますが、トルコではトルコ語が公用語です。言葉が違う国に来て、一から生活をはじめるのは、大人にとっても子どもにとっても、たいへんな苦労です。

また、親は避難先で仕事を見つけ、家族を養っていかなければなりません。

それは、親にとって大きなストレスになります。

一方で、爆撃などでけがをした子ども、病気になって働けなくなった親の代わりに働く子どもがいます。ヨルダンでは、難民登録*をしているシリア人家庭の半数が、子どもの収入に頼っているという報告もあります。*

避難先では、戦闘に巻き込まれる危険はなくなっても、爆撃の恐怖や肉親、友だちの死、つらい避難の体験が子どもたちを苦しめています。また、仕事を求めて、何度も引っ越しをくり返し、その都度、転校することになる子どもたちのストレスは想像以上に大きいものです。

安定した収入がない状態では、親にも余裕がなく、家庭でも安らぎを感じられず、子どもたちの気持ちも落ち着きません。仕事がなくなって家族を養っていけなくなった家庭では、女の子を10代前半で結婚させてしまうこともあります。*結婚させられた女の子は学校に通うことがむずかしく、教育を受ける機会を逃してしまいます。

私たち国境なき子どもたち（ＫｎＫ）が授業をしている学校に通ってくる子どもたちの中でも、他人に攻撃的だったり、無気力な子ども、友人とうまくコミュニケーションがとれない子どもなどを見かけます。このように心に傷を

＊難民登録：64ページ参照。

＊参考文献：「見えない傷（Invisible Wounds）：6年に及ぶ紛争がシリアの子どもたちのメンタルヘルスに与える影響」（2017年3月）

＊早期結婚：72ページ参照。

■ザアタリ難民キャンプで暮らす子ども

負った子どもが回復するには、長い期間が必要だといわれています。

紛争が終結し、将来シリアにもどって国を再建していくのは子どもたちです。その子どもたちが、教育の機会を得られず、必要な知識やスキルを身につけられないまま大人になれば、シリアは将来、国を築く礎となる人材を失うという重大な危機に直面します。このような「失われた世代*」をつくらないように、世界が彼らを支援していく必要があります。

■キャンプで野菜を売る少年

＊**「失われた世代」**：戦争や大災害、政治的混乱、経済的混乱などの影響によって、教育や就労など社会から受けられる機会を奪われた子どもたち、その世代。

第3章
難民キャンプで暮らすってどういうこと？

ヨルダンという国

シリア難民のことを考える際、ヨルダンという国の存在が欠かせません。シリア人を支援する人の多くは、紛争下のシリアに自由に入ることができないので、国境を接したヨルダンが難民支援の場所の1つになるのです。ヨルダンには66万人*のシリア難民が暮らしています。

ヨルダン政府は、難民登録をしていないシリア人も合わせれば、推定130万人のシリア難民を受け入れていると発表しています。大量の難民を受け入れたことで、2010年に718万人だったヨルダンの人口は、16年には945万人にもふくれ上がりました。

すこしヨルダンという国を紹介しておきましょう。10ページの地図を見てください。シリアが肥沃な三日月地帯に位置しているのに対し、ヨルダンは砂漠の国で、森林が総面積の1%しかないため水資源に乏しく、中東の国にある天然資源も豊富ではありません。

世界でも数少ない王国（正式な国名はヨルダン・ハシェミット王国）で、立

*参考文献：国連難民高等弁務官事務所（UNHCR）発表データ（2017年8月）

■砂漠の国ヨルダン。首都アンマンと隣国シリアを結ぶハイウェイ

***中東戦争**：1948年、イスラエルの建国宣言にアラブ諸国が反発し、第一次中東戦争が勃発《ぼっぱつ》。以降、パレスチナ周辺地域の領有をめぐり、1973年まで4度にわたり戦争が起きた。

憲君主制国家です。イスラム教の預言者ムハンマドの家系にあたるハーシム家の国王が世襲で統治しています。人口のほとんどがアラブ人で、90％以上がイスラム教徒です。

また、中東戦争*によってパレスチナの地を追われた217万人ものパレスチナ難民を受け入れており、2代、3代と世代が重なったことで、ヨルダンの人口の半数以上はパレスチナ系住民になっています。

1990年代からおこなわれてきた経済構造改革プログラム*によって、経済成長を維持してきましたが、2008年の世界金融危機*によってヨルダン経済も停滞しています。物価が上昇して、失業率*は日本の4倍にも上ります。

脆弱《ぜいじゃく》な経済の国ですが、周辺国から多くの難民を受け入れてきており、湾岸戦争*・対イラク戦争*によって難民になったイラク人が、一時は80万人以上も押し寄せ、そのほかにも、スーダン、ソマリアなど国情が不安定な国ぐにから難民が流入しています。難民受け入れによる物価や家賃の高騰などの影響を受け、貧困層の拡大が懸念されています。

ヨルダンは難民を一時的に受け入れ、欧州への難民流出をせき止めるダムのような働きをすることで、欧米諸国との友好関係を維持していますが、大量の

＊経済構造改革プログラム：国際通貨基金（IMF）との協調により進めたマクロ経済と財政運営改革。

＊世界金融危機：2007年、アメリカの住宅バブル崩壊を発端とした大手金融機関リーマン・ブラザーズの破綻《はたん》を機に株が大暴落し、世界的大不況に陥った。

＊ヨルダンの失業率：18・3％（世界銀行発表データ、2017年）

＊湾岸戦争：1990年8月、イラクがクウェートに侵攻。国連による撤退をイラクが拒否し、1991年1月、欧米とアラブ諸国の多国籍軍による攻撃が開始された。

＊対イラク戦争：2003年3月、イラクが大量破壊兵器を所持しているとして米英軍がイラクに侵攻しイラク政権は崩壊、戦闘は5月に終了。2011年12月、米軍の完全撤退により終結宣言がされたが、その後もイラク国内は混乱状態がつづいている。

難民流入が国力を疲弊させ、ヨルダン自体が支援を必要とする事態に陥っています。国王のアブドゥッラー2世は、「難民の急増が、ヨルダンの福祉サービスやインフラ、経済への大きな負担となっている。遅かれ早かれダムは決壊するだろう」と国際社会に訴えています。

難民に紛れて過激派組織が国内に入ってくることもあり、治安の悪化やそれ以上に教育水準や就業率の低下、経済的な影響を心配する声も増えています。2016年6月、ヨルダンとシリア国境付近で自爆テロ攻撃*があり、ヨルダン政府は過激派組織によるものだとしてシリアとの国境を封鎖し、新たなシリア難民の受け入れを拒否しました。

砂漠の地にある難民キャンプ

今、ヨルダンにはいくつかのシリア難民キャンプがあります。なかでも最大規模をほこるザアタリ難民キャンプは、シリア危機が起きた翌年の2012年7月につくられました。シリアからの大量の難民流入を受け、国境から15キロの砂漠地帯に、わずか9日間で開設されたといわれています。

＊自爆テロ攻撃： 自らの死をかえりみず、無差別に人を殺害するテロ行為。

■ヨルダンにある主なシリア難民キャンプ

■砂漠地帯につくられたザアタリ難民キャンプ（2013年）

■大きなバケツで家まで水を運ぶ（写真提供：安田菜津紀）

規模は5・3平方キロメートルで、およそ東京ドーム112個分ともっとも大きく、6万人の難民を収容する想定で建設されたキャンプでしたが、いちばん多いときには20万人という予想をはるかに超えた難民が押し寄せました。今、ザアタリ難民キャンプには、8万人ほどの人びとが暮らしています。

急ピッチでつくられた難民キャンプは、設立された当初は生活用水も手に入らない状態でした。給水タンクから家まで水を運んでくるのは子どもたちの仕事で、重いバケツを抱えて長い道を歩かなければならないこともありました。

仮設の共同トイレは、壁があり個室になってはいましたが、便器はなく床にただ穴が開いているだけでした。入り口の扉がなく、ボロボロになった目隠し用の布が下がっているだけのものもありました。

砂漠は暑い場所というイメージがありますが、ザアタリ難民キャンプがあるヨルダン北部は冬に雪が降ることもあり、冬のキャンプ生活は想像を絶するきびしいものです。砂漠では風を遮るものがありませんから、風でテントや家財道具が飛ばされてしまうこともめずらしくありません。

それでも、命の危機にさらされてきたシリア難民がたどり着いた難民キャンプは、命の保障を得られる場所でした。

■アズラック難民キャンプ（2015年）

ちなみに、ヨルダンにできたシリア難民キャンプで第2の規模となるのは、アズラック難民キャンプです。メガソーラーシステムによる各戸への配電、各戸にトイレが設置されています。キャンプの面積は14・2平方キロメートル、ザアタリ難民キャンプの約2・7倍。人口は3万5000人でザアタリ難民キャンプの半分以下です。アズラック難民キャンプには、最初から3000もの店舗が用意されましたが、許可申請が必要で空き店舗が目立ちます。

ザアタリ難民キャンプにたどり着くまで

私たちは、難民キャンプに暮らす人びとの家を訪問し、話を聞きました。シリアを逃れてザアタリ難民キャンプにやってきた2つの家族の話を紹介しましょう。

ムハンマドさんは、シリアの各地で戦闘が起こっていることを聞いていましたが、2013年1月、住んでいたダラア近郊の町で爆撃があったことから、荷づくりする間もなく、5人の子どもと夫婦の一家7人で町を逃げ出しました。途中、軍隊に見つかると殺されてしまうかもしれないと思い、ヨルダンの

■アズラック難民キャンプの家の入り口

国境まで2日間歩きつづけました。

国境には難民キャンプ行きのバスが待機していて、それに乗り込むとザアタリ難民キャンプに収容されました。テントの家を指定され、マットと毛布が支給されました。

しばらくすると、キャラバン*に住んでいた家族がシリアにもどると聞いて、その人からキャラバンを譲ってもらい、自分たちで工夫してすこしずつ生活環境を整えていきました。しかし、雨が降るとキャンプ中が水びたしになってしまい、冬は寒く夏は暑いので、暮らすのは苦労が絶えないといいます。

ムハンマドさんは、シリアではスーパーを経営していましたが、町はあっという間に政府軍に制圧されてしまいました。あるとき住んでいた町の様子がテレビに映し出されたことがありますが、ムハンマドさんの店は銃弾が撃ち込まれた跡があって、店内はすっかり焼き払われていました。

ムハンマドさんは、難民キャンプの中で携帯電話修理の仕事をして、6人の家族を養っています。

首都のダマスカスで電力会社に勤めていたシャヒドさんは、周辺から爆撃の

＊キャラバン：コンテナハウスのこと。テントに代わって支給され、現在の住居はほとんどがキャラバンになっている。

■雨が降るとキャンプ内は水びたしになる

■ザアタリ難民キャンプ内のキャラバン。壁にシリアの風景などが描かれている

音が迫ってきたため、両親と子どもたち、妹を首都から避難させました。

シャヒドさんは反政府勢力の仲間たちと、政府軍との戦いに参加しようと決めていましたが、家族や親戚を巻き添えにしてしまう可能性が強かったため、家族と一緒にヨルダンへ避難することにしました。

ヨルダン国境までの移動は、命からがらで、国境にたどり着くまで、突然爆撃されたこともあったといいます。国境にはたくさんの人たちが群がっていて、難民キャンプ行きのバスに乗り込んでいました。シャヒドさん家族もそのバスでザアタリ難民キャンプに収容されました。

あるとき、強風で近所のテントが飛ばされてしまったことがありました。すぐに新しいテントが支給されなかったため、近所の家族と同居することになりましたが、狭いスペースに2つの家族が暮らすのですから、男女で部屋も仕切るなど、お互いに気を遣わなければならない窮屈な生活だったといいます。

難民キャンプに身を寄せた人びとは、一時的な避難場所と考えていたはずです。爆撃が収まれば、停戦が実現すれば、すぐにでも家に帰れると思い、シリア紛争が7年経っても終わらないと想像していた人は少なかったのではないでしょうか。

難民たちが自発的につくった商店街「シャンゼリゼ通り」

ザアタリ難民キャンプの８万人という人口は、ヨルダン国内の大きな町に匹敵するほどです。８万人の人びとが住むためには、すぐに想像がつくように、病院や幼稚園、学校、飲食店や書店、食料品や日常生活用品を売る商店、床屋や美容院などが必要になります。また、公共トイレや上下水道、電気などの公共設備が不可欠です。そして、居住登録や治安維持などさまざまな制度も必要になります。

ザアタリ難民キャンプがつくられたときは、砂漠の中にテントがあるだけでした。国連機関が配給する、かぎられた援助物資の奪い合いやけんか、女性への性的暴力事件などが起こり、無秩序な状態がつづきました。

キャンプはＵＮＨＣＲが管理し、住民の登録業務、各世帯への食料・生活用品の配給などは各国連機関がおこない、治安管理はヨルダン警察がおこなっています。難民キャンプの出入りには許可証が必要ですが、以前とくらべると比較的許可証が出やすくなっていて、日中キャンプから働きに出たり、キャンプ内にはない大学に通う人や、キャンプ内ではできない治療を受けるために病院に行く人もいます。

しかし、難民キャンプが開設されて数カ月経つうちに、キャンプ内で闇《やみ》業者から仕入れた野菜や生活用品を売る人が出てきたり、床屋、携帯電話ショップ、おもちゃ屋、ウェディングドレスの販売やレンタルをする店などが現れはじめ、キャンプの中は活気づいてきました。物資が行き届くようになると、秩序も保たれるようになり、のちに「シャンゼリゼ通り」と呼ばれる商店街が出来上がっていきました。

シャンゼリゼ通りで携帯電話のショップを経営しているユシフさんは、「シリアにいるとき、輸入雑貨店で働いていた。キャンプでは国連からパンや生活物資と交換できるクーポンなどが支給されるが、それだけでは家族全員が生活できない。商売をしなければと思いついたのが、携帯電話の販売だ」と話しました。

シリアに家族や友人が残っていたり、キャンプを出てヨルダン市内で暮らしていたりする人たちもいて、携帯電話は必需品なのです。ユシフさんは、友人から使わなくなった携帯電話を譲ってもらい、それをクリーニングして転売し

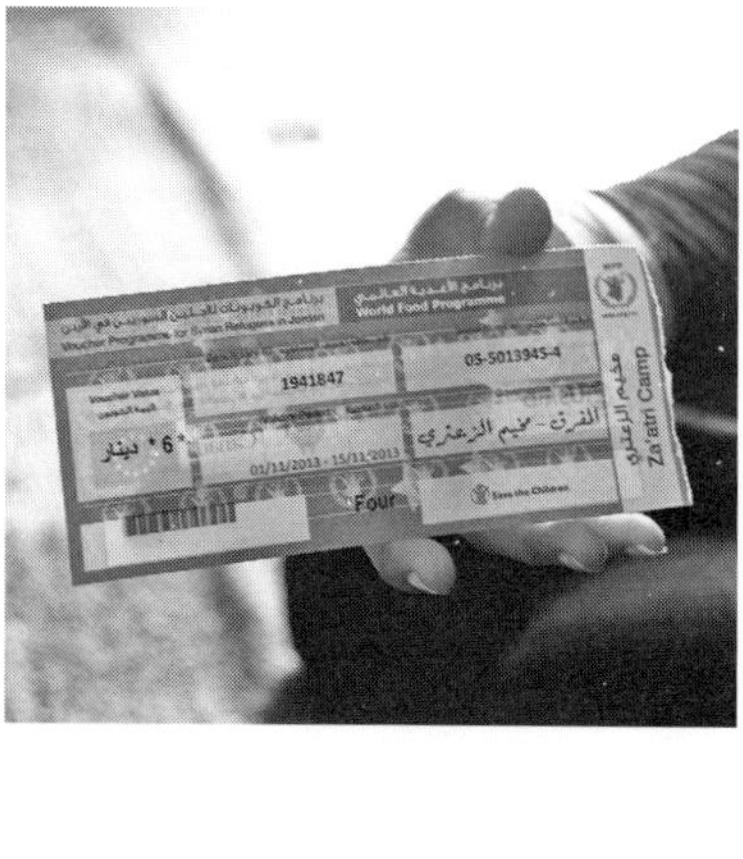

■国連から支給されるクーポン（2015年）

■多くの人でにぎわうシャンゼリゼ通り

■キャンプ内の八百屋

■キャンプ内のスーパー

■キャンプ内の駄菓子屋

■キャンプ内の服屋

ていました。すこしずつお金を貯めて店を出すことができたといいます。

今では、シャンゼリゼ通りでお店を出して、マフラック*やアンマン*の業者から仕入れた携帯電話を並べています。

仮の住まいから「1つの町」へ

キャンプがつくられてから6年が経ち、キャンプ内のほとんどの家はテントからキャラバンと呼ばれるコンテナハウスに変わりました。となり合う親戚とキャラバンをつなげて、2世帯住宅のように使っている例もあります。

給水設備やトイレはほぼ全世帯に設置され、野外の仮設トイレを使う人はいなくなり、子どもがバケツを担いで水を運ぶ姿も見かけなくなりました。各家庭にも電気が通るようになり、24時間ではありませんが、電気を使えるようになりました。

この6年間、キャンプ内には、病院医療機関が11カ所、各援助機関が開設する各種の相談を受けつけるコミュニティセンターが27カ所設置され、公立学校も14カ所・29校つくられました。

＊マフラック：ザアタリ難民キャンプから10キロほど離れたところにある町。
＊アンマン：ヨルダンの首都。64ページ参照。

■キャンプ内には電線が張り巡らされている

■キャンプ内にあるモスク

■キャラバン内のキッチン

■キャンプ内の公園

■バケツの水で流すトイレ

子どもたちは援助機関の支援で配給されたおそろいのリュックを背負って通学しています。子どもたちが学校から帰ってくると、近所の人たちが「○○ちゃん、お帰りなさい」と声をかけてくれます。インフラや設備が整備されただけでなく、混乱状態だったキャンプ生活に人びとが慣れ、広大な難民キャンプの中に、人と人がつながり合うコミュニティが生まれています。

ちなみに、ザアタリ難民キャンプでは人口の40％が18歳以上で、そのうちの半数以上が、商品を販売したり、国連やNGO*に雇われて現金収入を得ています。ただし、UNHCRはキャンプ内での所得格差を防ぐために、就業できる人数は原則として1世帯1名のみに制限しています。

シリアから避難してきた人たちは、いったんは難民キャンプで生活をはじめますが、劣悪な環境などを理由にキャンプを出て、首都のアンマンなどに移り住むケースがあとを絶ちませんでした。

しかし、6年の年月の中でキャンプの生活にも人間関係が生まれ、コミュニティが形成されて、キャンプを出ていく家族は減少していきました。今は、ヨルダン国内のシリア難民の約20％にあたる13万人のシリア難民が、難民キャンプで暮らしています。

＊国連やNGO：国連児童基金（UNICEF）、セーブ・ザ・チルドレンなど。KnKがキャンプ内の公立学校でおこなっている教育活動も、シリア難民を教師として雇用している。

■学校に登校する子どもたち

第4章

キャンプの外に移り住んだ難民

キャンプの外での暮らし

難民キャンプに入っても出ていく人があとを絶たなかったと紹介しましたが、じつは、ヨルダン国内で難民登録*をしているシリア人約66万人のうち、難民キャンプにいる人たちは約13万人にすぎません。あとの8割、53万人はキャンプ近郊の町*や首都アンマンなどの都市部で生活しています。

難民をホストしている（受け入れている）町という意味で、キャンプ外の町はホストコミュニティと呼ばれています。

キャンプの外の町に移住した人びとは、キャンプ内の衛生状態の悪さや、砂漠の砂による気管支炎などの健康障害をその理由として挙げています。シリアで庭付き一戸建てやアパートメントで普通の生活をしていた人たちにとって、砂漠の難民キャンプでのテント生活は相当苦痛だったのでしょう。

キャンプが開設した当初は、キャンプの中の治安にも問題が多く、学校も少なかったため、子どもたちの教育機会に恵まれませんでした。就労機会が少ないなか、難民キャンプを出て、都市部での生活を望む人たちが出てくるのは自

＊難民登録：ＵＮＨＣＲに難民として登録することで、必要な保護を受けることができる。

＊キャンプ近郊の町：イルビッド、マフラック、ザルカなど北部の4県に集中している（75ページ図参照）。

■アンマン市内の様子

然なことでした。

では、難民キャンプの中と外の暮らしは、どこが違うのでしょうか。

まず、難民キャンプには、国連難民高等弁務官事務所（UNHCR）をはじめとするたくさんの国連機関やNGO、各国の政府援助機関*が集まっています。十分ではないにせよ、衣食住、医療や福祉などのサービスを無料、あるいは安価で受けられる条件が整っています。また、子どもたちが通える公立学校があります。さらに、キャンプ内にいると、自分で商売をしたり、1世帯1名という制限はありますが、国連機関やNGOが提供する工事や清掃、教員などの仕事を得る機会は比較的安定してあります。

一方、難民キャンプを出て町で暮らすと、基本的に自分たちで生活していかなければならないので、経済的な負担がのしかかってきます。ヨルダン国内は失業率*が高く、自国民保護の観点からも、政府は難民の就労を制限しています。シリア難民が仕事に就くには労働許可が必要で、労動許可の数や職種にもかぎりがあります。それ以前に、難民にとってさまざまな必要書類を用意すること自体が困難なのです。

労働許可を得ていない難民を雇ってくれる先は、個人経営のパン屋や立飲み

***国際援助機関**：17ページ参照。
***ヨルダンの失業率**：49ページ参照。

コーヒー店、町工場などで、長時間で低賃金といった条件が悪い仕事になる傾向があります。不法就労がわかって逮捕されると、シリアに強制送還されることもあります。シリアに強制送還されると、また生命の危機にさらされることになります。

2016年6月以降、ヨルダン政府がシリアとの国境を閉鎖しているため、一度シリアにもどると、再びヨルダンに避難してくることが非常にむずかしくなっています。

ヨルダンでは、シリア難民以外にもイラク、イエメンなど多数の人たちが難民となりヨルダン人に交じって暮らしています。今までにも多くの難民を受け入れてきた歴史があり、パレスチナ人が人口の半分以上を占める国で、市民は難民に対して理解がありますが、2014年以来のシリア難民の急激な流入は、仕事の奪い合いや、家賃や物価の高騰を招いて、かならずしも難民に対して友好的な人たちばかりではなくなっています。

キャンプ外の町に住むシリア難民、とりわけ女性や子どもたちの多くは学校や買い物などよほどのことがないかぎり、家の中でじっとしていることを選択しています。外へ出たときにシリア人だと指を差されたり、いじめを受けたり

■家の中で過ごす女性と子どもたち

することもあり、それが外に出かけることにブレーキをかけています。もしくは、自分自身はそういう体験がなくても、人伝てに聞いた噂《うわさ》がどんどんふくらんで、恐怖心が強くなっていることもあります。

イスラム教の女性が髪を隠すためにヒジャブ（スカーフ）をまとっているのは知られていますが、女の子が14、５歳になると髪だけでなくズボンなど身体の線が見える服装も避けるようになります。家庭によっても異なりますが、女性は家事と子育てに専念すべきという考えも多く、女性だけで外出することを好ましく思わない人も少なくありません。

支援金だけでは生活できない

２０１３年、イブラヒムさん一家は、シリアを脱出してザアタリ難民キャンプにやってきましたが、生活環境が悪いことからキャンプを出てしまいました。マフラック、イルビッドと引っ越しをくり返し、今は首都のアンマンで暮らしています。

一家９人が大都会で暮らしていくのはたいへんです。難民登録をしているの

■生活苦を語るイブラヒムさん

で、世界食糧計画（ＷＦＰ）＊から現金１２０ＪＤ＊と食品・生活用品が購入できる１６０ＪＤ分のクーポン、あわせて２８０ＪＤ（約4万２０００円）の支援金がもらえますが、光熱費をふくめ月に２００ＪＤ（約３万円）の家賃がかかるため、仕事がなければ暮らしていくことが困難なのです（２０１７年2月現在）。

モハマドさん一家は、モハマドさんと長男のサレムくん（22歳）が段ボール工場で働いて、月６００ＪＤの現金収入がありました。しかし、モハマドさんと三男のユシフくん（11歳）が交通事故に遭い、大けがを負ってしまいました。車同士の衝突事故で、相手も過失を認めて、医療費は折半する話がついていましたが、モハマドさんが難民であることから医療保険が給付されず、負担額が高額になったことで、相手側は支払いを拒否しています。

しかたなく、モハマドさんは借金をして、３００ＪＤを病院に支払いましたが、相手が半分を払ってくれないので、借金を返すことができないと嘆いています。

モハマドさんが事故の後遺症で働くことができなくなったことで、収入が半

＊世界食糧計画（ＷＦＰ）：１９６1年に設立された飢餓のない世界を目指して活動する国連機関。難民や飢饉《ききん》で苦しむ人びとに対して食糧支援をおこなっている。

＊ＪＤ：17ページ参照。

■大けがを負ったユシフくん

減してしまいました。医療費の借金返済と２７５ＪＤの家賃が、一家に重くのしかかっています。

　都市部の不法就労では、雇い主の都合ですぐにクビにされ、安定した収入を得ることができないため、安い家賃の部屋を求めて転々とするケースが多いのです。頻繁《ひんぱん》に引っ越していると、援助機関でも難民の住所や連絡方法を把握することが困難になって、支援が受けにくくなったり、コミュニティから疎遠になってしまいます。

学校に通っていないシリア難民の子どもたち8万7500人は氷山の一角

　ヨルダンで難民登録をしている子どもたちの中で、学校に通う年齢の子どもたちの数は23万２５００人＊とされていますが、実際に公立の学校に登録されている生徒数は14万５０００人＊にすぎません。つまり、８万７５００人以上の子どもたちが学校に通っていないのです。

　さらに、ヨルダン政府はヨルダンに暮らしているシリア難民は１２０万人いると公表していますが、この中には難民登録をしていない53万人がふくまれて

＊参考文献：ＵＮＨＣＲ発表データ（２０１８年3月現在）

＊参考文献：２０１７年の統計（ヨルダン教育省による）

います。難民登録をしていない家庭の子どもたちは、学校にも登録していませんから、８万７５００人の子どもたちは氷山の一角です。大切な時期に学校へ通うことができず、空白の青春を過ごしている子どもたちが大勢いるのです。

子どもたちが学校に通えない理由は、学校までの交通費が工面できない、子どもが働かないと家族が生活できないといった貧しさに加えて、シリアから避難する際に持ち出せなかった出生届など、学校に登録するために必要な書類を整えることができないという問題もあります。また、家から学校までの距離が遠いことも、低学年や女子生徒にとっては大きな壁になっています。

ヨルダンの都市部では18万人の学校に通うべきシリア難民の子どもたちがいますが、そのうちの10万５００人しか通っていません。

都市部で暮らすシリア難民世帯の聞きとり調査をしたことがありますが、３回以上引っ越しをしている世帯が、全体の８割を超えていました。同じだけの回数、子どもも転校していることになります。いつまで今の場所にいられるかわからないという理由で、学校に登録しない家庭も少なくないのです。そのため２、３年も学校に行かないという子どもが出てきてしまいます。

子どもが学校に通うことは、勉強だけではなく、友だちをつくる機会になり

■学校に行くことをあきらめ、家事の手伝いをする女の子。アンマンにて

■学校で友だちと過ごすのはとても貴重な時間だ

ます。学校に行けば同じ境遇の子どもたちがいて、勉強をして、休み時間などの楽しい時間も共有できます。学校にいるときに、子どもらしい自由さを手に入れることができるのです。

学校では「子どもの権利」や「早期結婚*の危険性」などの授業がおこなわれ、勉強をする権利や難民が持つ権利を学ぶことができます。学校に行かないと、子どもが持っている権利を学ぶ機会を失ってしまいます。

子どもたちが学校に通い出すと、両親も子どもの様子を尋ねたり、成績を受けとりに学校に行く機会が増えます。普段はあまり外へ出ないお母さんたちにとっても、学校へ出向いて人と交流することは貴重な機会です。

自分の子どもの教育についてとなると、保護者も真剣です。それは、学校にこそ子どもたちの未来があることを知っているからです。難民という不安定な立場だからこそ、自分の価値を客観的に示すことのできる学歴や資格*が将来、子どもたちを支えてくれることを身に沁《し》みてわかっているのです。

シリア難民を受け入れているヨルダンの公立学校

***早期結婚**：18歳未満での結婚のこと。児童婚ともいわれる。子どもの権利侵害にあたり、妊産婦死亡のリスクが高くなったり、暴力・虐待の被害も受けやすい。13、14歳で結婚させられるケースもある。国連児童基金（UNICEF）の2014年発表によると、世界では、7億人以上の女性が子ども年齢（18歳未満）で結婚しており、そのうち3人に1人以上、（約2億5000万人）が、15歳未満で結婚している。

***学歴や資格**：帰る土地を失った難民にとって、対外的に自分の価値を証明できるのは学歴や専門資格で、教育熱心な世帯では子どもの教育に惜しみなく稼ぎを費やし、欧米の大学に子どもを留学させる家庭が多く見られる。

***公立学校**：ヨルダンには公立の学校のほか、パレスチナ難民の子どもを受け入れる国連パレスチナ難民救済事業機関（UNRWA）が運営する学校や、私立学校が多数ある。

２０１３年、ヨルダン教育省はシリア難民の子どもを公立学校*に受け入れるために、ダブルシフト制を導入しました。ダブルシフト制というのは、「二部制校」のことで、多くは午前と午後に分けて、よりたくさんの子どもたちに授業を受けさせることができる仕組みです。

シリア難民がヨルダンの地域社会に移り住み、シリア人生徒の数が増えたことで教室や教員数が足りなくなってしまっただけでなく、ヨルダンとシリアの教育カリキュラムの違いも問題でした。たとえば、ヨルダンでは英語の授業が1年生から開始されますが、シリアでは5年生からはじまります。こうした違いに対応するためにダブルシフト制が採用されました。

これまでは午前8時から午後2時までの授業でしたが、ダブルシフト制によって午前8時から正午までがヨルダン人の子どもたちの授業、午後12時半から4時半までがシリア人の子どもたちの授業になりました*。

シリア難民の子どもたちがヨルダンの学校に通学できたとしても、教えられる内容はヨルダン人の生徒と同じなのです。たとえば、歴史の授業では、シリアの歴史ではなくヨルダンの歴史を習わなければなりません。シリアでもヨルダンでもアラビア語*が公用語なので、話したり書いたりすることに問題はない

■ヨルダンの公立学校

***ダブルシフト制の授業時間**：２０１３年に開始、16年に改定。現在、ダブルシフト制を導入しているヨルダンの公立学校は２００校以上。ただし、教師や生徒数によって各学校で時間割に違いがある。

のですが、方言の違いでどこの出身かわかるぐらい、話し方には違いがある地域もあります。

シリア人とヨルダン人の子どもたちの補習授業をする

２０１４年から、私たち国境なき子どもたち（ＫｎＫ）は、ヨルダン教育省と協働して、首都アンマンやヨルダン北部の街イルビッドやマフラックにある計23の地域の公立校で、シリアとヨルダンの子どもを対象に毎週土曜日、補習授業をおこなってきました。

この補習授業の目的は、ダブルシフト制で授業時間が減ったヨルダン人生徒の学力を向上させること、難民の子どもたちの学習支援、課外活動で両国の子どもたちの相互理解を深めることです。

補習授業は、アラビア語、算数、英語の科目に、スポーツ、ゲーム、手工芸など、さまざまな課外活動があります。講師は、ＫｎＫが雇ったヨルダン人の先生やスタッフがおこなっています。

課外活動の中には、自分の経験をクラスメイトに語る時間や、人を思いやる

＊アラビア語：「フスハー」と「アーンミーヤ」の2種類がある。「フスハー」は、コーランに用いられている正式なアラビア語。アラビア語を母国語とする国で公式な場や公文書で共通語として使用される。各国、地域にアーンミーヤがある。「アーンミーヤ」は方言。アーンミーヤはもっぱら口語で使われ、単語、発音、文法が異なる。

■アラビア語の補習授業

■机を並べ、補習授業を受けているシリアとヨルダンの子どもたち

■ヨルダンの県別シリア難民登録数（2018）

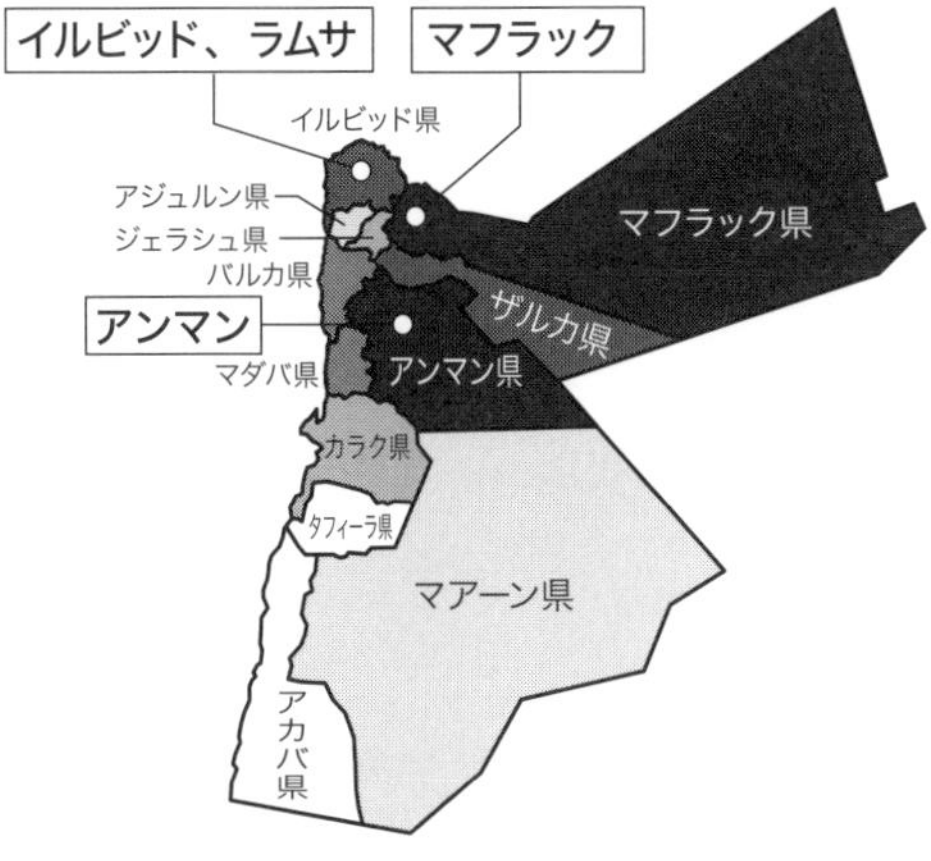

シリア難民登録数（人）	
アンマン県	197,369
マフラック県	163,545
イルビッド県	140,544
ザルカ県	97,014
バルカ県	19,626
マダバ県	13,268
ジェラシュ県	9,876
カラク県	9,066
マアーン県	7,937
アジュルン県	7,152
アカバ県	3,529
タフィーラ県	1,754

＊出典：UNHCR Refugees Operational Portal「Syria Regional Refugee Response」（2018 年 9 月 24 日時点）

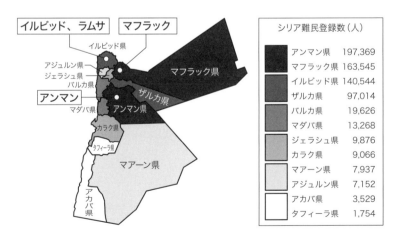

気持ちを育む短い話を共有して、感想を話し合う時間もあります。日本の道徳の授業で使うお話を翻訳して読み聞かせたり、自分の経験を文章にすることを通じて、ヨルダン人の子どもたちは、シリアから来たクラスメイトのたどってきた背景を知り、同じように持っている道徳観や倫理観を確認していきました。そして、しだいにお互いのことをわかり合っていくなかで、これまでにはなかった温かい雰囲気が、クラスに生まれていきました。

単純な編み物やビーズのアクセサリーをつくりながら、談笑したり、教え合ったりする時間もまた、一緒に時間を共有する大切な時間です。

ヨルダン人の先生たちは、クラスの雰囲気になじめず一人ぼっちでいるシリア人生徒を見つけたら、ヨルダン人生徒に仲間の輪に入れるよう声がけをお願いしたり、シリア人生徒と進んで遊ぼうとしないヨルダン人生徒がいたら、シリア人生徒と同じチームにしたりと、子どもたちの様子をよく見ているからこそできる工夫をしています。

補習授業が進むにつれてわかってきたのは、子どもたちの学習が予想以上に遅れていることでした。シリアで学校に通っていなかった子どもたちは、普段の学校の授業についていくことができなかったのです。簡単な読み書きができ

■よいおこないについてクラスメイトに語る生徒

なかったり、簡単な算数ができない子どもも大勢いました。

そのため、10歳だから4年生と単純に年齢で学年を決めることができませんでした。ヨルダンの教育省からも言われていましたが、学力に合ったクラス決めが必要でした。

しかし実際には、たくさんの子どもたちが学校に押し寄せてきたため、一人ひとりの学力を判定して、適切な学年にふり分けることが困難でした。自分の学力よりも上の学年に入れられてしまい、なにを学んでいるのかさっぱりわからず、教室に座っているだけの子どもたちも出てきました。

子どもたちだけではなく、先生たちにとっても事態は深刻でした。クラスでいちばん学力の遅れた子どもにレベルを合わせると、小学校1年生から復習しなければなりませんでした。当然、子どもたちからは苦情が出てきました。

そのような学校の状況を知り、ＫｎＫの補習授業では、学力によってクラス分けをしました。とくに、1、2年生の復習が必要な子たちのクラスは2つに分けることにしました。同じ1、2年生のクラスでも低学年と高学年を分けることで、高学年の子どもたちにコンプレックスを感じさせないように配慮したのです。

■補習授業の合間におこなわれる課外活動。同じチームの中にはヨルダン人生徒もシリア人生徒もいて、お互いの距離を縮めることができる

基礎的な補習授業ももちろん重要ですが、4年生以上の高学年の勉強の遅れは、そのまま中途退学に結びついてしまいますから、とりわけ英語、アラビア語、算数の授業に力を入れました。

シリアでは、第2外国語としてフランス語を教えることが多いため、英語に苦手意識を持つ子どもも多くいました。そこで、英単語のゲームや歌をとり入れて、日常的に英語に接する機会を増やしました。

家庭訪問と通学支援

子どもたちが学校に通うためには、家庭やコミュニティの協力が不可欠です。そのため補習授業にやってくる子どもたちの家庭訪問をおこないました。補習授業をはじめたころは、登録した家庭を一軒一軒訪ね、どのような授業をしているのかを説明しました。

家庭訪問をすると、子どもたちの家庭が抱えている問題を知ることができました。父親や母親のいない家庭、きょうだいがいない家庭など、シリア難民のほとんどが、家族の誰かがいないという事情を抱えていました。爆撃で亡く

■家庭訪問の様子。右から2人目がKnKヨルダン現地事業総括・松永晴子

なっていたり、シリアに残ったまま消息不明になったり、家庭によってもさまざまです。

シリア人の家庭では、誰一人として、「外で遊べる場所がある」と答えた子どもがいなかったことも、とても印象的でした。

学校に登校するうえでの障害は、通学手段でした。学校が近いわけではありませんから、近所同士でお金を出し合ってバンを借りて、子どもたちを通学させています。せっかく公立学校に登録できて学費が無料になっても、学校へ行かせるための交通費が出せないので、通学をあきらめさせるという家庭もあります。

補習授業を実施している土曜日は学校が休みなので、交通費を出してまで受けさせられないという家庭も少なくありませんでした。そこで、補習授業の土曜日には、送迎用の通学バスを出すことにしました。

ヨルダン人家庭にも家庭訪問で訪ねて行くことがあります。ヨルダン人の家族にシリア人の印象を聞くと、シリア難民の急激な流入で「教育と経済に大きな影響が出ている」と答える家庭がほとんどでした。

一方で、ヨルダン政府の強固な対テロ対策が功を奏しているからではありま

■送迎用の通学バスに乗り込む子どもたち。とくに女子は文化的風習的に1人で町を歩くことがないため、ヨルダン人生徒もシリア人生徒も一緒のバスに乗り合わせる

すが、シリア難民によって「治安に悪い影響が出ている」と回答するヨルダン人が少なかったということも印象的でした。

学校に来なくなった子どもたち

ダブルシフト制が導入されたことで、シリア難民の子どもたちがヨルダンの公立学校に通うことができるようになりましたが、一方でシリア人の子どもたちがいじめに遭うケース*が見られるようになりました。

シリア難民がヨルダンへ大量に流入してきたことで物価が上昇し、失業率も上がりました。自分の生活が苦しくなった原因がシリア難民にあると感じ、否定的な感情を持つ人が増えてきたのです。

たしかに、シリアからの物流が滞り、大量に流入してくるシリア人に住居を貸すので、家賃の相場も上がりつつあります。シリア人の流入が、ヨルダン人の生活に影響を及ぼしていることは否定できません。

こうしたヨルダン社会の感情を子どもたちは敏感に感じとり、シリア人に対して暴言を吐いたり、石を投げたりするなどのいやがらせが出てきました。

＊いじめ：いじめや体罰などが原因で学校を中退したシリア人生徒は、2016年だけで1600人に上る（UNICEFの報告による）。

シリア紛争がはじまって7年経った今、国内外の支援が減った*こともヨルダンのシリア難民の暮らしを貧しくしている原因です。難民世帯に支給されていた食糧クーポンや現金支援が減っています。

２０１７年夏の全国共通高校卒業試験*を、およそ12万５０００人のヨルダン人が受験したのに対して、シリア人の受験者数はおよそ３２００人となっています。この試験を受験するのは17、18歳ですが、この年代のシリア難民が３万人はいるため、シリア難民の10％ほどしか高校卒業試験までたどり着けないことになります。

ヨルダン国内にいるシリア難民の子どもたちが、運良く高校まで通えたとしても、大学入学に必要な全国共通高校卒業試験というハードルがあり、その先４年間の大学への道のりはさらにきびしいものがあります。

子どもたちは将来、自分がどこで、どんな生活ができるのかまったく予想がつかない状態で、自分の夢を描くことがとてもむずかしくなっています。シリア紛争が長引くほど、その影響は深刻なものになっていきます。

＊国内外の支援の減少：難民支援は、その多くが国連／国際ＮＧＯもしくはヨルダン国内の団体によっておこなわれているが、緊急支援の時期が過ぎると関心が得られにくくなり、支援金の減少から支援できる団体の数や規模が小さくなっていく傾向にある。

＊全国共通高校卒業試験：タウジーヒと呼ばれる、日本でいう大学入試センター試験のような制度。これに合格すると大学に進学できる。

第5章
子どもたちが安心して学べる場をつくるために

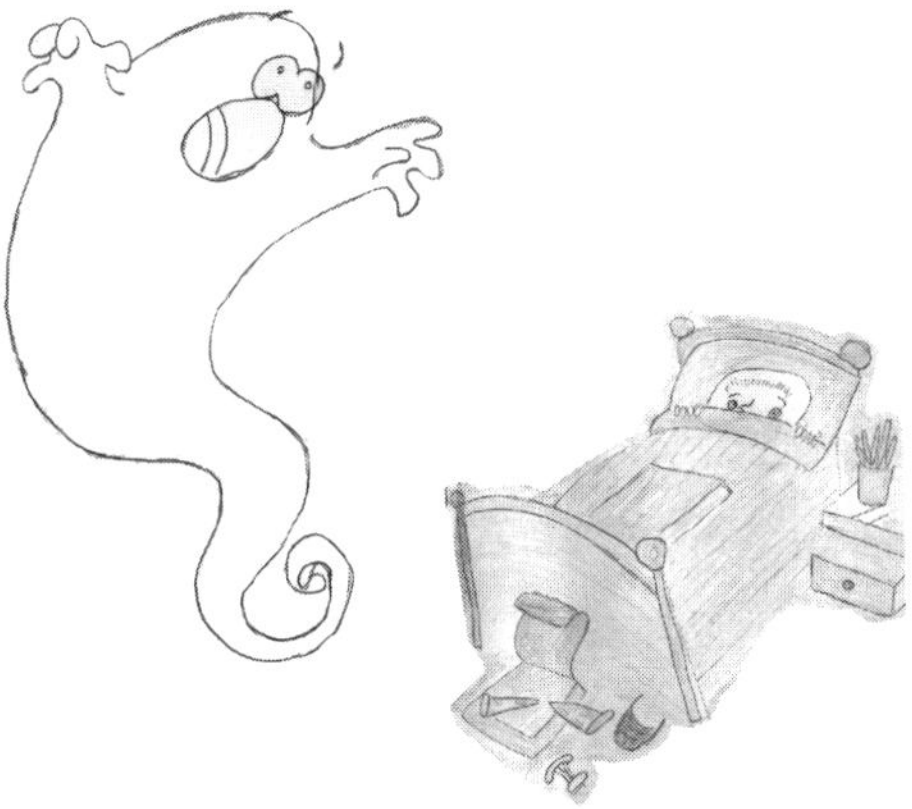

難民キャンプのはじめての学校

ザアタリ難民キャンプにはじめての学校*が開かれたのは、キャンプが開設されてから4カ月後のことでした。広いキャンプの中にたった1校の学校で、受け入れ可能人数は4000人といわれましたが、距離的にも通える子どもの数はかぎられていました。キャンプにやってきた子どもたちには、どこにも行くところがありませんでしたから、待ち望まれていた学校でした。

首都のアンマンに拠点を構えていた私たち国境なき子どもたち（KnK）は、ヨルダンにザアタリ難民キャンプがつくられた翌年から、キャンプ内での教育支援をはじめました。

このザアタリ難民キャンプの学校の教育支援に携わったKnKの日本人スタッフは、活動を開始した2013年から18年現在まで計9名に上ります。日本人スタッフとヨルダン人スタッフたちは、アンマンの事務所から、自動車で1時間半ほどの場所にあるザアタリ難民キャンプの学校に通っていたのです。同キャンプ内で暮らしているシリア人数名を先生として雇用し、総勢14名

***はじめての学校**：2012年11月に開校。通称バーレーン校（バーレーン政府の支援で建設された）。ザアタリ難民キャンプ内には、公立の小中学が14カ所・29校ある。6歳から16歳までの学齢の子ども2万1400人が登録している（2018年4月）。

■ザアタリ難民キャンプにはじめて建てられた学校

のチームで難民キャンプ内の公立学校で授業を開始しました。

学校がはじまっても、たいへんなことがつづきました。シリアでの状況が悪化するにつれて学校に通えない子どもたちが増え、学校に通ったことがない子どもたちがそのまま難民キャンプに来ることもありました。学校という場所で集団生活をしたことがなく、教室や仲間の中で守らなければならないルールを知らない子どもたちも多くいたのです。

子どもたちは、全員が過酷な環境を体験していて、大きなストレスを抱えていました。学校の中では、毎日トラブルが絶えませんでした。授業を落ち着いて受けることができず、ちょっとしたことで怒鳴り合いや取っ組み合いのけんかがはじまりました。頭に血が上った子どもがとがった鉛筆の芯《しん》で相手の顔を刺してしまうような事件も起きました。

彼らは悪いことだと知りながらも、大人たちに見捨てられないように大声を出し、騒動を起こして、自分が存在することを訴えていました。戦渦を逃れてきた想像を絶する体験と、過酷なキャンプ生活に耐えている子どものことを思うと、子どもが戦争に巻き込まれる悲劇に、胸が締めつけられる思いでした。

学校には、ＫｎＫ専用の職員室があり、いつでも子どもたちが自由に出入り

■難民キャンプ内の学校ではじまったＫｎＫによる音楽の授業

できるようになっています。授業が終わると、わからなかった問題を聞きにくる子、宿題を見てもらいにくる子、悩みを相談しにくる子など、たくさんの生徒たちが遊びにやってきます。

楽しいもの、美しいものを求めていた子どもたち

ＫｎＫは、キャンプ内の公立校で、５年生から10年生までの生徒を対象として、演劇・音楽・作文*の授業を実施しています。この３教科を教えることで、子どもたちがつらい思いや悲しさを外に出し、自分の思いを自由に表現する機会を与えたいと思ったのです。また、楽しい演劇の世界や美しい音楽に触れ、豊かな気持ちをとりもどしてほしいと願ったのです。

子どもたちの目が、楽しいもの、美しいものを求めていました。

あるとき、１人の男の子が話しかけてきました。

「キャンプで洪水があったとき、教科書が流されてしまったんだ。先生に教科書が失くなってしまったと話したら、『自分で失くしたんだろう。もう学校に来るな』って言われたんだ。お父さんがいたら、きちんと話してくれたはず

***作文**：ストーリーライティング。物語を書く、創作活動。物語の読み聞かせや朗読もおこなう。

■放課後、KnKの職員（右端）に宿題を見てもらっている生徒

■作文の授業。砂でかたちをつくり、そこから物語を考える

なのに、シリアで殺されてしまった。ぼくは音楽が好きだから、学校に行きたいんだ」

そう話す子どもの目は、とても悲しそうでした。

ある日、校庭でギターを弾いている子どもがいました。その子がこちらを向き、ギターを持った手を挙げて得意げな笑顔で合図をしました。「音楽が好きだ」と話してくれた子でした。あの子が学校にもどってきている！　その笑顔に、救われた思いがしました。

音楽・演劇・作文の授業で基礎学力の向上を目指す

キャンプでの授業がはじまってから2年あまりが経ったころ、子どもたちの学習の遅れが目立ってくるようになりました。

キャンプができてすぐのころは、できるだけ多くの子どもたちが学校に通えるよう、学校開設の支援に焦点があてられていました。その後、キャンプ内の多くの子どもたちが学校に通えるようになったことで、今度は、子どもたちが学校で学んだことをきちんと身につけているのかが焦点になったのです。

■音楽の授業。新しい歌は、まず歌詞をノートに写すことで、アラビア語の学習にもなる

とくに、アラビア語と英語の学習の遅れは顕著でした。そこでKnKは、これまで提供していた音楽・演劇・作文の授業を通じ、アラビア語と英語の基礎学力向上を目指しました。英語の歌を歌ったり、アラビア語の単語ゲームを通じて、楽しく学べる場をつくったのです。

道徳やルール、アラブや世界の文化を学ぶ授業もしています。作文の授業で、世界の偉人について書かれた物語をとりあつかったり、音楽ではシリアで親しまれている歌や詩を歌ったり、演劇の授業では「教室での過ごし方」「お年寄りとの接し方」といった内容の劇が上演されています。

「水の大切さ」というテーマだけを先生が決めて、子どもたちが自分たちでシナリオを考えて、演じることもありました。自分たちで解決方法を模索することは、学校生活や社会の中で自分たちが果たすべき役割を学ぶ効果的な方法です。

高学年の子どもたちは、大人になるための心の準備期間、自分自身についてさまざまに思い悩む思春期を迎えます。この時期に学校に行けないことは、同世代との交流を体験せずに大人になってしまうことを意味します。自分の気持ちを口にしたり、友人の意見に同感したり、反発したりすることで、人間関係

■演劇の授業。お年寄りとの接し方をテーマにした劇

のあり方を学んでいきます。

また、難民の子どもたちの生活環境では、家計を助けるための児童労働や学校の勉強についていけず通学をやめてしまうドロップアウト、過激派からのリクルート*、女の子では早期結婚*の強制が将来の道をさらに困難なものにしています。

とりわけ、思春期を迎える高学年が真剣に授業にとりくみ、その成果を大勢の教員や生徒たち、保護者の前で披露する発表会やイベントは、子どもたちに大きな自信を与えてくれます。

先生たちと子どもたちの信頼関係

戦争はいつでも、大人がはじめるものです。まったく望んでいない戦争に巻き込まれ、大人の不条理を目の当たりにしてきた子どもたちにとって、自分の話を聞いてくれる、将来を考えさせてくれる先生たちの存在はとても重要です。

子どもたちを見ていると、どれだけ先生たちを信頼しているかが伝わってき

＊過激派からのリクルート：思春期の子どもたちの現状への絶望につけ込んだ過激派組織やテロ活動への勧誘。一般社会にＳＮＳが浸透したことが、一時期、勧誘する側の追い風となった。

＊早期結婚：72ページ参照。

て、味方になってくれる大人がいつでも彼らのそばにいることの大切さに気づかされます。

学校は小さな社会です。そして、子どもにとって先生たちは、長い時間を一緒に過ごす、家族以外のはじめての大人です。学校の中で大人を信頼し、信頼され、友人たちと友情を築くことが、彼らが大人になって社会に出たときにかならず役に立つだろう、自信になるだろうと、私たちは信じています。

戦争を体験し、ストレスに敏感な子どもたちにどのように対応するかが、教育支援をするうえで、大きな課題でした。私たちが授業の内容を音楽、作文、演劇にしたいちばんの理由は、楽しい授業を通じて心のケアをすることにありました。

あきれるほど大きな声でがなるように歌う子、拳銃《けんじゅう》で人を撃つ動作をする子、故郷についての歌を歌いながら涙を流しはじめる子など、生徒たちが見せる反応はさまざまでした。それでも、授業に立ち会うヨルダン人、シリア人の先生たちは、生徒たちのそのときどきの表現を受け入れ、否定はせず、けれども、各教科が持つ特性により合った表現方法に変えていけるような指導をおこないました。

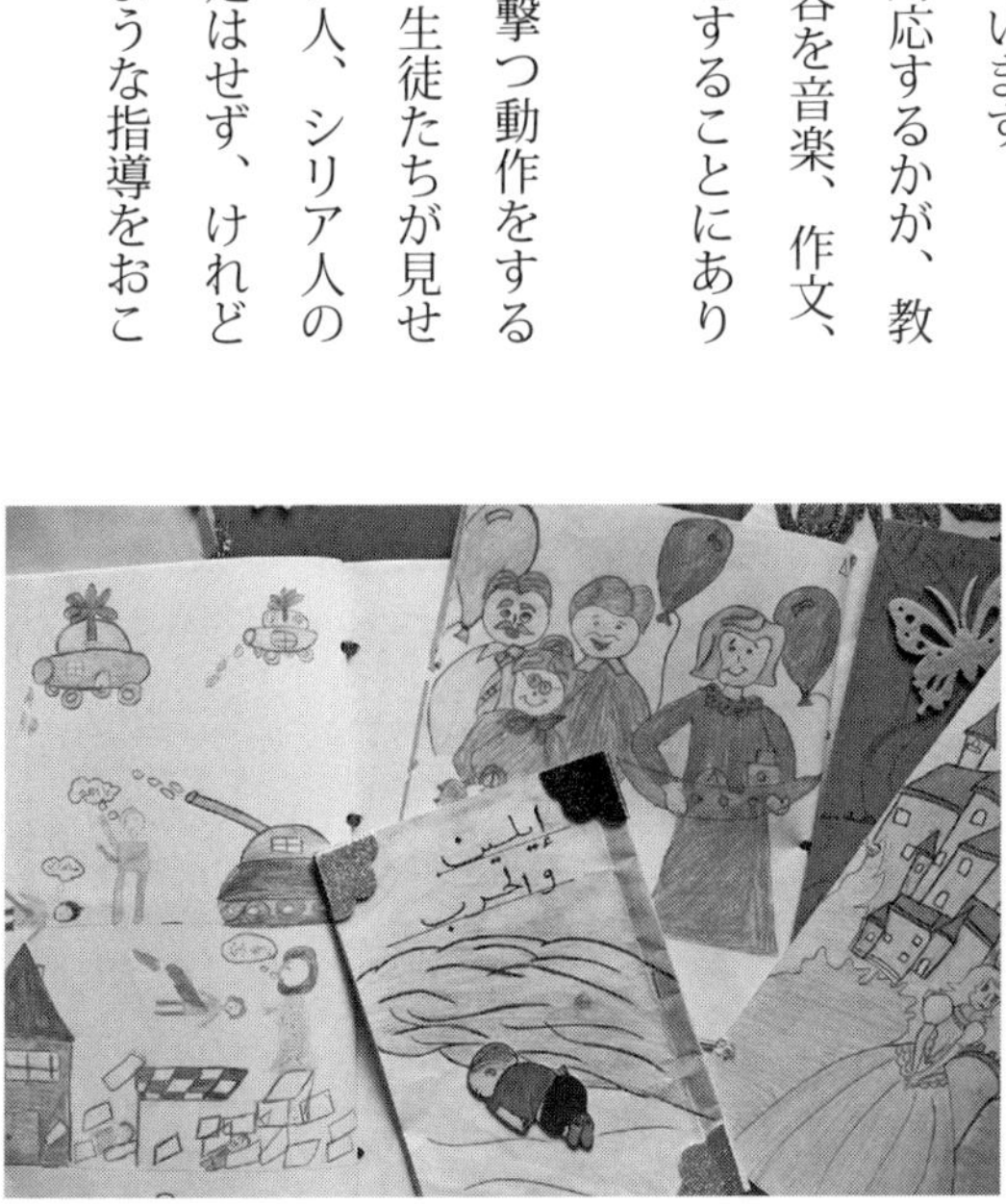

■子どもたちが描いた絵と物語

シリア人の先生たちは、自分たちもまたキャンプで生活する難民です。キャンプの中で子育てをする親として、またキャンプで暮らすたいへんさを知る大人として、生徒たちへ真摯《しんし》に向き合っています。

自分の子どもにはきちんとした教育を受けさせたい、人の気持ちのわかる優しい子になってほしい、と話してくれたサファ先生は、いつも明るく前向きです。出産後1カ月ほどして赤ちゃんを連れて学校にもどってきてくれた彼女は、自分の子どもと同じように、生徒たちにも時にきびしく、時に温かく、熱心に指導をしています。

しだいに、子どもたちの授業態度にも変化が現れ、自分なりの言葉を使って表現するところまで、過去を客観視できるようになりました。それは時に、砲弾が落ちてくる絵であったり、家族の死を悼《いた》む詩であったりと、痛ましいものもありますが、そのような過程を経て、今の自分のことをやっと見つめられるようになってきました。

子どもたちの描く絵に、キャンプの中の遊具で遊ぶ様子や学校へ登校する絵も出てきたのを目にしたとき、キャンプの中にいても、私たちが経験した子どものころとあまり変わらないものが、彼らの周りでも手に入れられるように

■音楽の授業で積極的に発言をする子どもたちとシリア人教員

なってきた、と感じました。

終わりのない、キャンプ生活の中で

でも、キャンプでの日常の暮らしが、私たちのよく知っている、私たちの子どものころと同じようになってきたことが、キャンプに暮らす人たちがほんとうに望んでいたことなのか、じつのところはわかりません。

町のようになったキャンプ、通い慣れた学校があるのは子どもたちにとってはいいことですが、仕事も不定期にしか得られず、すこし先の自分の未来も、子どもの将来も見えない保護者にとっては、いくら生活が安定しても、もしくは安定すればするほど、未来を描くのがむずかしくなってきています。

あるとき、学校でしばらく姿を見ることができない男子生徒がいたので、気になってその生徒の家へ家庭訪問に行きました。私たちが家庭訪問をしたとき、家の中にその生徒はいませんでした。どこにいるのか尋ねても、買い物に行ったけど帰ってこない、どこにいるのかわからない、とお父さんはいいます。

■冬休みのアクティビティで仮装する子どもたちと先生

その家の5歳になる弟が、お父さんの携帯電話を触ろうとして駄々をこね、客人であるスタッフの携帯電話に手をつけても、お母さんは怒ろうともしませんでした。大声で泣いても、やはりお父さんもお母さんも声をかけず、立ち上がりもしませんでした。お母さんはただ、ぼんやりとお父さんの話を横で聞いています。

仕事がない、とくり返し話すお父さんと、10人も子どもがいるからか、子育てに無関心なお母さん。そんな両親のもとで、家族の愛情も関心も感じられないまま、その生徒は学校を辞めようとしている、そしてキャンプ内をぶらぶらして時間をつぶしているのでした。

こんな家庭はきっと、少なくありません。なぜなら、長ければ5、6年もキャンプという環境で暮らしながら、多くの保護者は安定した職を得られず、生活の糧、生活への気力を失いつつあるからです。キャンプでの生活が長引けば長引くほど、そのような状況はじわじわと彼らの心をむしばんでいきます。

生活のいらだちを子どもにぶつける保護者もいます。また、直接手を上げなくても、暮らしの中の親のうつうつとした表情や言動が、子どもたちの心も暗く、重い気分にさせます。とくに、そんな家庭の子どもたちにとって、家庭の

■長引くキャンプ生活（夏：イスラム教の断食月であるラマダン中の昼間、給水タンクの下で涼む子ども）

外で、親の暗い空気を気にせずに過ごす時間や、子どもらしく過ごせる時間は、時として家よりも、心安らぐ時間になっています。

保護者の背中を見ながら、自分にも未来なんてないのではないか、と不安になる子どもたちに対して、ＫｎＫとしてできることを考えました。

そして、２０１７年秋以降、キャリア教育もはじめました。閉鎖的な難民キャンプでの生活が長期化するなかで、自分の将来を描くことができず、勉強に意義を見出せないまま、学校に通うことをやめてしまったり、勉強に身が入らない子どもが増えたと感じたためです。

授業では、ＫｎＫの教員が自分がどのような子ども時代を送り、どんな思いで今の仕事をはじめたかを話したり、子どもたちが親やきょうだいに、シリアにいたころの仕事の話をインタビューして発

■子どもたちの平日の過ごし方

	中３女子	小６男子
8:00	学校 (7:55~11:25)	起床
9:00		朝食
10:00		NGOの （衛生に関する） 講習会に参加
11:00	部屋の掃除、 昼食	学校 (11:45~15:15)
12:00		
13:00	アラビア語、 英語、 数学（予習）	
14:00		
15:00	友人と電話 テレビを見る	昼食
16:00		
17:00	友人、 きょうだい と遊ぶ	電気が来たら 宿題・勉強
18:00		家族と テレビを見る・ ゲームをする
19:00	夕食	
20:00	家事・ テレビを見る	きょうだいと 夕食
21:00		就寝
22:00	就寝	
23:00		

＊学校は男女入替制となっており、それぞれ６コマの授業がある。

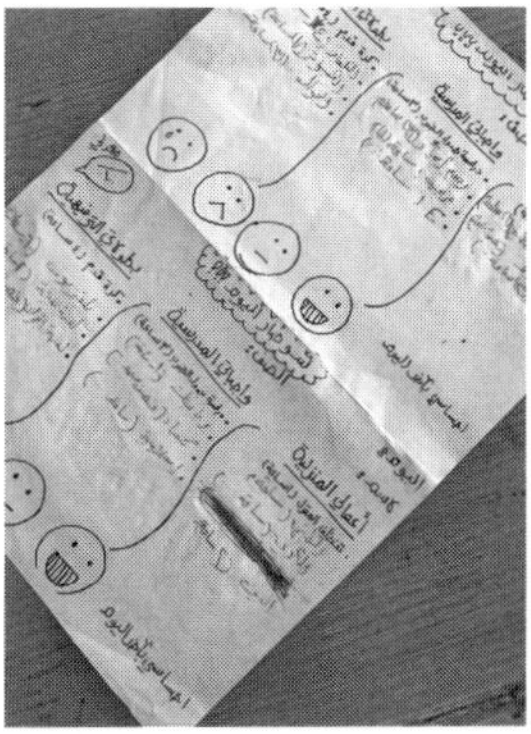

■１日の様子を書き込んだ生徒のプリント。キャリア教育の授業にて

表する機会をつくりました。

また、1日の時間の過ごし方をふり返り、どんなことをしたら自分の夢に近づくことができるのか、自分で考えてみる機会もつくりました。

テレビが大好きで理科の先生になりたい子は、よく見ているドラマだけではなく自然を紹介する番組を見る、英語の先生になりたい子は、英単語を1日3つずつおぼえていくなどといった、日常の生活で夢につながるものを1つずつ見つけていく作業です。

つらい過去に向き合い、未来に目を向けること。明るい未来があると信じること。私たちが支援をはじめて数年の間に、子どもたちは大きく成長していきます。心のケアから心の成長につながる支援へと、私たちの意識も変わっていきました。

第6章
シリアの子どもたちが見る夢

「将来は英語の先生になるの」——シャハドさん（12歳）

現在6年生のシャハドさんは、シリアで紛争がはじまったとき、まだ小学校の1年生でした。激戦地の1つであるホムスで小学校に入学した彼女は、ほとんど学校に通えないまま、1年間も家族と一緒にシリア国内を転々と移動し、安全な土地を探しつづけました。

ヨルダンに向かったものの入国拒否をされ、強制的にレバノンへの移動を通告されて、40日間滞在したこともあります。心臓病を持つおばあさんがヨルダンの病院に入院していたこともあり、やっとヨルダンへの入国が許可されました。

シリアでは爆発音や銃声を聞かない日はありませんでした。シャハドさんと弟は、ヨルダンにやってきても飛行機の音がするだけでテーブルの下に逃げ込み、固まってしまいました。

「ほんとうに怖くて怖くて、しかたなかった」と、シャハドさんは言います。ヨルダンでの暮らしもけっして明るいものではありませんでした。生まれた双子の妹の一人が、すぐに病気で亡くなってしまうという悲劇も経験しました。

■シャハドさんの家を訪問したKnKヨルダン現地事業総括の松永晴子（左）とプログラムオフィサーアシスタント（左から2人目）

■シャハドさんと弟。自宅で飼っている鳥を見せてくれた

シャハドさんのお母さんは、先の見えない避難生活の中でも、子どもたちへの教育を忘れませんでした。せめてアラビア語だけでも後れをとらないようにと、必死でシャハドさんたちにアラビア語の読み書きを教えました。

3年生のとき、やっと学校に通いはじめましたが、英語の科目がまったくわからず、授業についていくことができませんでした。4年生のとき、私たちの補習授業に通いはじめたシャハドさんは、1年生の英語のクラスから勉強をやりなおし、英語が得意になっていきました。

「先生がパワーをくれたから、英語の勉強が好きになったの。だから、将来は英語の先生になりたい」と、うれしそうに話していました。

家ではよく絵を描いているというので、どんな絵を描いているのかと尋ねると、「緑がたくさんある、自然の景色を描くのが好きなの」とシャハドさん。お母さんは、故郷のホムスの川や池、その周りの自然の様子を話してくれました。

「自然の色はほんとうにきれいで、描いていると落ち着くの」

私たちは、穏やかな表情でそう口にするシャハドさんの姿に、危険のないヨルダンで暮らしながらも、いまだ心の中に平穏を求め、今やっとそれをすこしずつ手に入れつつあることへの安心感を見た気がしました。

「医者になって、命を救いたい」――アヤットさん（13歳）

「医者になりたい」というシリアの子どもたちはたくさんいます。将来の夢を聞くと、「医者」と「教師」が2大人気の職業です。

アヤットさん（13歳）も、医者になる夢を持つ1人です。アヤットさんは、2年生までをシリアの町ダラアで過ごしました。戦争がはじまる前のシリア国内は緑にあふれ、とても美しい場所だったといいます。難民キャンプに住む多くのシリア人が口をそろえていうように、ここはつねに砂が舞っている、水と緑にあふれていたシリアが恋しいと話します。

シリアにいたとき、アヤットさんはおじさんを亡くしています。おじさんは、アヤットさんのいとこと一緒に交通事故に遭い、おじさんは大けがをし、いとこは足を失ってしまいました。近くでは銃撃戦があって、救急車は来ることができませんでした。おじさんは、助けが来る前に息を引きとりました。

アヤットさんは、たくさんの人がけがをしている場に居合わせており、その

■アヤットさん

人たちを助けられなかったことに、無力さを感じていました。助けがすぐに来れば救えた命。命があっけなく奪われていく場面を目撃したアヤットさんの心の傷は計り知れません。

その経験から、アヤットさんは、将来は医者になり、助かる命を助けられる人になりたいといいます。

アヤットさんには、もう1つ夢があります。スペインに行って、あこがれのサッカー選手に会うことです。アヤットさんには、仲の良い3人の友だちがいます。学年は違いますが、同じ学校に通い、一緒にサッカーをする、ウラさん（12歳）とサマーハさん（13歳）、シャヒッドさん（14歳）です。夏休みのサマーアクティビティにはいつも一緒に参加する、活発な女の子たちです。

サマーハさんとウラさんは、シリアにいたときのこと、そしてヨルダンに逃げてくるときのことを詳細におぼえていて、引っ越しの回数やそれぞれ移った町の名前を1つずつ教えてくれました。

最初は親戚の家を頼って引っ越しをくり返しましたが、避難しても避難しても危険が迫り、学校の中に住んだり、地下の家にこもったり、いくつもの家族が1つの家に住まなくてはいけなくて、段ボールで仕切りの壁をつくったことも

■仲良し4人組の写真（左からウラさん、シャヒッドさん、サマーハさん、アヤットさん）

あったといいます。住んでいた家に爆弾が落ち、逃げ出したこともありました。

学校に避難していたときには、軍隊が校舎の中にまで入ってきて、サマーハさんは階段の下でひざを震わせながら、兵士たちが去るのをじっと待っていたそうです。

ヨルダンに逃れてきて、キャンプの中で、仲良しの友だちとサッカーができていることが、ほんとうにうれしいと笑顔で話してくれました。今、2人には大きな夢があります。サマーハさんの夢は宇宙飛行士になること、ウラさんの夢は警察官になることです。

アヤットさん、サマーハさん、ウラさんがそれぞれ夢を叶《かな》えるためには、勉強が必要です。学校に通いつづけ、高校や大学にも進学しなくてはなりません。シリアの子どもたちが思い描く夢が実現するよう、私たち大人には、子どもたちが学べる場を提供する義務があります。

「ラッパーになって、自分の思いを表現する」
——シャヒッドさん（14歳）

アヤットさんの仲良し4人組の1人、シャヒッドさんも2人のおじさんを爆

■サマーアクティビティでマイクを持つウラさん（中央）とアヤットさん（中央左）

撃で亡くしています。シリアがまだ美しかったころ、週末には両親やお兄さんたち、いとこやおじさん、おばさんたちとみんなで、湖や森に遊びに行き、釣りやキャンプをして遊んだそうです。いつも一緒だったおじさんが、突然亡くなったのです。

ダマスカス郊外のグータで生まれ育ったシャヒッドさんのいちばんの思い出は、家族や友だちと過ごした週末だといいます。2人の男の子のあとに生まれたシャヒッドさんは、小さいころ、親戚中からプリンセスと呼ばれ可愛がられたそうです。

そんな幸せで美しい町で育ったシャヒッドさんもまた、戦争に巻き込まれていきました。町の四方から戦車が攻撃をしてきて、人がひき殺され、爆撃に遭って亡くなる様子を何度も目にしました。どこにも逃げ場がないと感じた一家は、ヨルダンに避難することにしました。ヨルダンへの移動では、川にひざまで浸かりながら歩いたこともあり、とにかくずっと寒くて過酷でした。

難民キャンプでの暮らしは、夏は暑く、冬は寒く、毎日砂塵が舞う中を30分もかけて学校に通うのはたいへんです。それでも、学校で友だちと会えることがうれしいと、シャヒッドさんはいいます。まだ、シリアに残っている友だち

■両手いっぱいのメダルを見せてくれたシャヒッドさん

もいて、今でもときどきチャットをして連絡をとり合っているそうです。

シャヒッドさんの家を訪ねると、いちばんはじめに目につくのが、自家発電ができる装置と水を浄化する装置です。電気や水の配給が十分ではなく、味気なくつらいキャンプでの生活の中で、すこしでも豊かな毎日を送れるようにとの、両親の思いが感じられます。

シャヒッドさんはサッカーが大好きで、今までいくつもの大会でメダルをとってきました。お父さんが「メダルを見せてあげたらいいよ」というと、部屋から両手いっぱいのメダルを持ってきて、うれしそうに、そしてすこし恥ずかしそうに見せてくれました。

将来は、脚本家かラッパーになりたいとシャヒッドさんは夢を語ります。ラッパーとシリアの女の子とが結びつかず、「フェイルーズ*のような歌手になりたいの？」と聞くと、「違うよ、ラッパー！」と、お父さん、お母さん、シャヒッドさんが声をそろえました。

シリアで有名なイスマイール*という歌手が、シリアへの思いをラップに乗せて歌っているのを聞いて、シャヒッドさんも自分の思いを表現するには、ラップがいちばんだと思ったそうです。部屋でよく聞く彼の歌は、自分のヨルダン

＊フェイルーズ（Fairuz）：美しい歌声で知られるレバノン出身のアラブの歌手。ヨルダンやシリアでは、とくに朝聞く歌として広く愛される存在であり、カフェやラジオでは毎日のように彼女の歌が流れている。

＊イスマイール（Ismaeel Tamr）：シリア出身のラップシンガー。歌手、俳優、プロデューサーとして広く活躍する。故郷シリアへの思いや難民となっている子どもたちのことをラップに乗せて歌った曲は、シリアの若い世代に人気。

での生活やシリアにいたころの思い出、そして平和への思いをまるで代弁してくれているかのようで、自分もそんなふうに思っていることを自由に表現して、人びとに伝えたいとシャヒッドさんはいいます。

私たちの活動でも、いつも小さな子たちをよくまとめてくれる、心優しいシャヒッドさん。そんな彼女が思いを乗せたラップや、思いが詰まった演劇を、いつか聞いてみたい、見てみたいと思っています。最近では、自分が書いた演劇の脚本を、ＫｎＫの先生に見てもらうこともあるそうです。そんな夢を実現するために、私たちができることはまだまだあると、あらためて思いました。

「大切な人を守れる弁護士になるのが夢」――リハーブさん（14歳）

リハーブさん（14歳）の家はもともと8人家族で、ダマスカスの郊外にある、人口が350人ぐらいの小さな村に暮らしていました。

ダマスカス郊外にも戦禍が及ぶことを肌で感じはじめたお父さんは、家族の移住を決めて、単身で先にヨルダンへと向かいました。お父さんがいなくなっ

■リハーブさんと父親

てから、村の状況は悪化する一方でした。

銃撃戦や爆弾投下が絶えず村の周辺で起き、学校で勉強できる状態ではなくなりました。お兄さんの一人が戦闘に巻き込まれて亡くなったことをきっかけに、家から出られない生活がはじまり、お父さんから連絡が来るまでの約1年の間、家族は家の中でおびえながら暮らしていました。

7人の家族でヨルダンに避難しましたが、レバノン人と結婚したお姉さんに会いに行った2人のお兄さんが、再入国を拒否されてレバノンに送り返されてしまいました。せっかく家族みんなで一緒に暮らすために逃げてきたのに、今は4人の家族になってしまいました。

お兄さんのマーヘルくん（17歳）は、知的障害を持っています。

マーヘルくんがときどきリハーブさんにちょっかいを出すので、けんかをすることもあるけれど、リハーブさんはいつも彼の様子をよく見ています。テーブルに身を乗り出しておかしなことを言ってくるマーヘルくんを足で突きつつも、彼がコップを倒さないようにさっと移動させたり、なにを言っているのかわかりづらいときには、代わりに言い直したりします。たった1人しかいなくなってしまったお兄さんを中心に、家族は寄り添って生活しているのです。

リハーブさんはＫｎＫの補習授業に通っていますが、大きな目でじっと先生を見つめながら、一生懸命話を聞く姿が印象的です。みんなの前で発言するような目立った生徒ではありませんが、その代わり、先生の話も、周囲の友だちの話もよく聞き、落ち着いて意見を言うことができる、とてもしっかりとした生徒です。

リハーブさんは、ヨルダンでの暮らしをはじめたとき、戦争の恐怖体験で、言葉を上手に話せなくなっていました。なにかを言おうとするとつっかえてしまい、学校で誰かと話そうとするたびに、つらい思いをしていました。うまく言葉が出てこなくても、じっと待ってくれる先生や友だちがいること、なによりも、安心できる環境で暮らすことができたことで、彼女は言葉をとりもどすことができました。

リハーブさんにとって、安心して暮らせるヨルダンでの生活は夢のような環境です。とにかく学校は楽しくて大好きだといいます。夏休みの間は近くのモスクにあるコーラン学校に通い、音読、理解ができる生徒だけがもらえる教授資格もとれるほどになりました。

リハーブさんは、将来弁護士になる夢を持っています。どうして弁護士にな

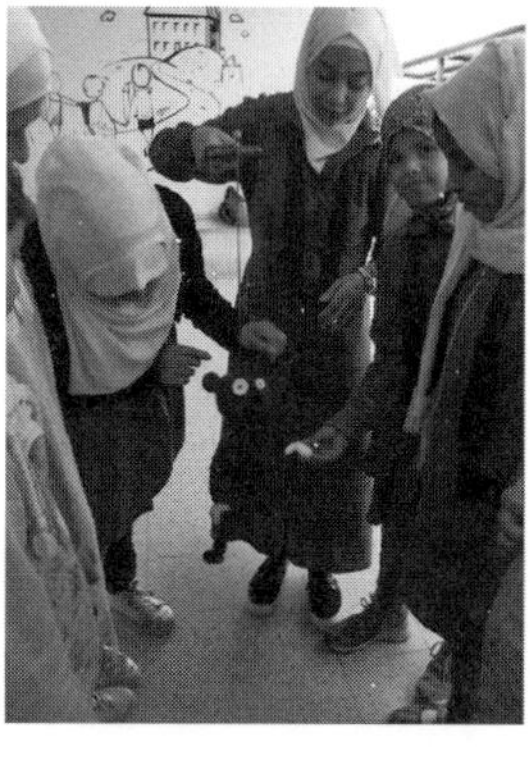

■日本のマリオネット作家・オレンジパフェさんから寄贈されたクマのハビーブを持つリハーブさん（中央）

りたいのか尋ねると、「（障害のある）純粋な人たちを守ることのできる立場になりたい」と、答えました。

「シリア人としてヨルダンで生きていく」――アリくん（12歳）

アリくん（12歳）を学校で見かけると、やんちゃな子が多い男の子たちの中で、バランスのとれた立場に立ち、とかく壁をつくりがちな女の子と男の子の間でも上手に立ち回ることができています。

委員会活動でも、やるべき仕事をしっかりと理解しています。周囲の様子を見ながら、人手が足りないときには、すっと手を差し伸べて手伝ってくれます。一見おっとりしているように見受けられることも多いのですが、意外と観察眼が鋭いというのを、授業中の様子などから察することができます。

アリくんの家庭訪問では、お父さん、お母さん、そしておばあさんも、みんなが朗《ほが》らかな表情をして私たちを迎え入れてくれました。

お父さんは、もともとヨルダンとシリアを行ったり来たりしながら仕事をしていました。労働許可を得ているので仕事に困ることはなく、近所の人たちとの関係も良好です。それは、出迎えてくれたときに見た、近所の町工場の人たちとのあいさつからもわかりました。

アリくんのお兄さんは双子で、2人とも公立学校へ行くのをやめて、職業訓練を専門にする学校に通っています。シリアから避難してきたあと、授業がさっぱりわからなくて学校に行く気が失せてしまった双子の様子を見ていたお父さんが、手に職をつけたほうが今後も生きやすいだろうと判断したからです。お父さんは堅実な人で、避難先の国でどうやって暮らしていけばいいのかを、しっかりと見据えていました。

アリくんもまた、お父さんのあとを追ってヨルダンに逃げてくる間、1年以上のブランクがありました。アリくんに当時の気持ちを聞いてみると、「家の中できょうだいやいとこと遊べたから、ちょっと楽しかったけど、やっぱり学校に行けないのは悲しかった」と話してくれました。

アリくんの家族が暮らしていたアレッポは、シリア北部の町です。陸路でヨルダンへと逃げるためには、シリア国内を縦断しなくてはなりません。紛争下で、ホムスやハマ、そしてダマスカスへと延びる幹線ルートを通るのは危険すぎるため、シリアの東側の砂漠地帯を抜けてヨルダンに入国しました。

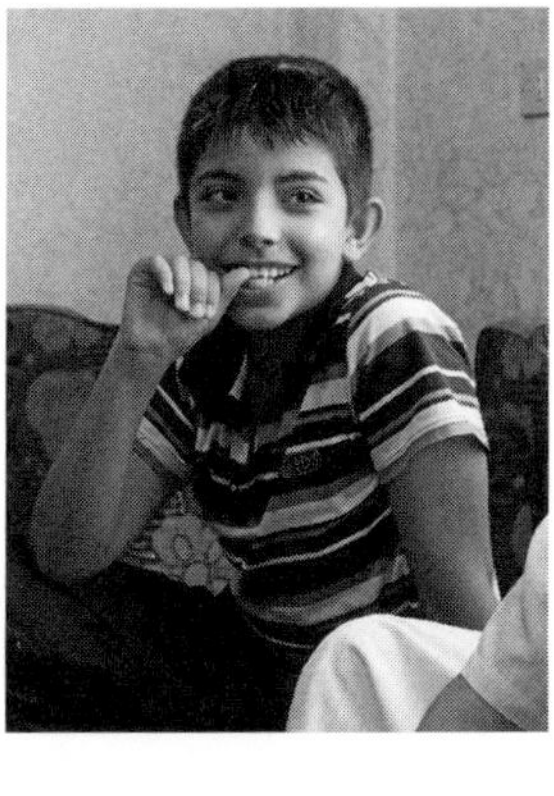

■アリくん

ヨルダンに入国した直後は、ザアタリ難民キャンプに連れて行かれました。しかし、お父さんがヨルダンで仕事を持っていたことから、キャンプに到着した2日後には、現在住んでいる家に移ることができました。

私たちがアリくんの家にお邪魔したのは、夏休み中のことでした。アリくんはどのように過ごしているのか尋ねると、仕事をしているというので、その様子を見に行きました。アリくんの仕事場は、市場の中にある露店で、移動式のワゴンの上で衣類を売っています。お店のオーナーである、お父さんの知り合いの男性は、「アリは計算も得意で、なんでもそつなくこなすから、重宝しているんだよ」と言っていました。

夏休み明けに学校へ行くだろうかと心配になりはじめた私たちは、アリくんに学校が好きか聞いてみました。「学校で友だちと会えるのがいちばん好きだな」と、彼ははにかみながら答えました。近所に同じ学校へ通っている同級生がいないアリくんは、夏休みが終わって新学期がはじまるのを心待ちにしていました。

■衣類をいっぱい積んだ移動式のワゴン

第7章
私たちにできること

シリアの問題は遠い国の出来事ですか？

この本を読んでいるみなさんは、今どこに住んでいますか。本を読むことができるということは、戦争も自然災害もない、安全な場所で過ごしているのではないでしょうか。

この本を読む前から、シリアやヨルダンという国の存在を知っていた方はどのくらいいるでしょうか。日本の首都東京からシリアの首都ダマスカスまでは、直線距離にして８５２４キロです。北海道から沖縄までの直線距離が約２５００キロなので、その約３・４倍も離れています。東京からシリアまで、以前は飛行機で最短でも13時間かかりました。時差は６時間あり、日本が正午を迎えるとき、シリアの人びとは午前６時を迎えます。

そんな遠い国、シリアで起きたことに関心を持つのは、けっして簡単なことではありません。でも、すこし視点を変えることで、日本とシリアの共通点を見つけることはできます。

シリア紛争が起きた２０１１年、日本は大地震、大津波というこれまでにない大きな自然災害に遭い、東北地方の、とくに海沿いに暮らしていた人びとは危機的な状況に置かれました。自宅や学校を失い、職場や収入源も失い、友人や家族まで失い、命を落とした人もたくさんいます。

シリアの子どもたちが「戦争」という人間が起こした「人災」でつらい目に遭っているのと同じように、東北の子どもたちは「自然災害」によって悲しい思いに沈んでいました。津波だけではなく、原発事故の影響で、故郷を離れざるを得なくなった福島の人びとは、２０１２年５月のピーク時では16万４８６５人*に達します。

今の私たちにとって、戦争の脅威は身近にないかもしれません。しかし、地震や水害などの自然災害によって、友だちや家族を一瞬にして亡くすことは十分に考えられるのではないでしょうか。住み慣れた家やいつもの学校が不意になくなることは、日本でも起こりうることなのです。

東日本大震災が起きたときには、シリアやヨルダンをふくむ世界中の方々から温かい励ましの言葉や寄付金が届き、復興の大きな手助けとなりました。日本で暮らす私たちも同じように、遠い国であっても、紛争や自然災害に苦しむ人びと、子どもたちに対して関心を持つことはできるのではないでしょうか。

■東日本大震災で大きな被害を受けた沿岸部。津波で大きな船が内陸にとり残された（２０１１年）

*参考文献：ふくしま復興ステーション発表データ（２０１２年５月）

「無関心は最大の暴力」という言葉がありますが、裏を返すと、関心を寄せるということは、困難な状況にある人びとに対して、「あなたは1人ではないよ」というメッセージを発する第一歩だといえます。

難民キャンプを取材した日本の中高生

ヨルダンに逃れてきたシリア難民の子どもたちに関心を抱き、実際に会いに行った日本の子どもたちがいます。

静岡県浜松市出身の太田成美さん（当時14歳）と岩手県釜石《かまいし》市出身の佐々木千夏さん（当時16歳）の2人は、2014年の春休みに「友情のレポーター」として、約10日間ヨルダンを訪れました。

「友情のレポーター」は、世界の国ぐにで取材をおこないながら、日本と取材先の子どもたちが友情を育むことを目的とした、国境なき子どもたち（KnK）の教育プロジェクトです。

日本在住の11歳から16歳の子どもを対象としており、一般公募で選ばれた2人のレポーターが、KnKが活動する国の1つに派遣され、現地の子どもたち

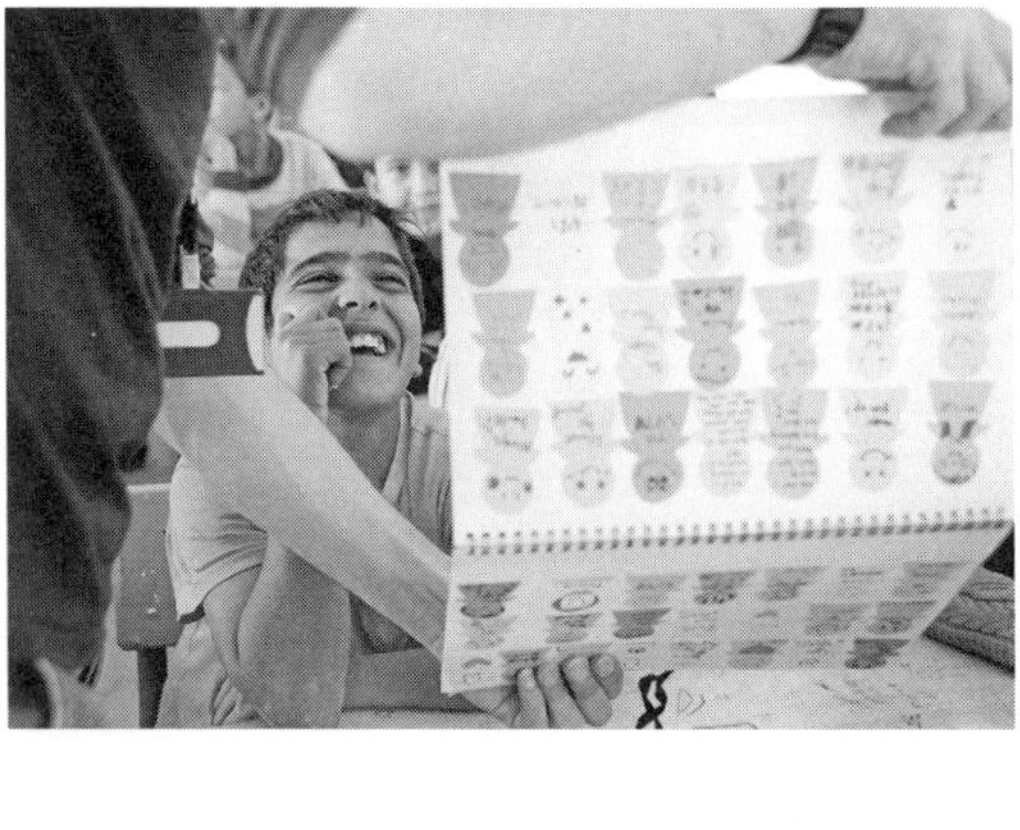

■シリア難民キャンプの子どもたちに届いた日本からのたくさんのメッセージ（2013年）

■2014年春休みの「友情のレポーター」、太田成美さん（左から2人目）と佐々木千夏さん（右端）

と交流を深め、彼らの現状を取材します。帰国後は、新聞やテレビで報告機会を持つほか、学校での講演活動などを通じて、世界の子どもたちの声を日本の人びとに広く伝えていくのが、レポーターの使命です。

ザアタリ難民キャンプやホストコミュニティで暮らすシリア難民の子どもたちの家庭訪問をした、太田さんと佐々木さんの帰国後のレポートの一部を紹介しましょう。

■2014年 ヨルダン取材 太田成美（静岡県／取材当時14歳）

ダーリアは、お兄さんを紛争で亡くしている。これを聞いて、私は驚いた。遠足のときも、女子の中でいちばんパワフルでオシャレ好きなダーリアが、こんなつらいことを抱えていたとは正直思わなかった。それなのにダーリアは、お兄さんのことを涙ひとつ見せないで語る。そのときの表情は今も忘れられない。

それから印象に残ったことは、ダーリアが「シリアに帰ったらそれはそれでザアタリ難民キャンプが恋しくなる」と言ったことだ。これを聞くと、ダーリアはほかの子にくらべてよい暮らしをしているからだ、と思う

■佐々木千夏さんが寄稿した『高校生新聞』の記事（2014年5月10日）

人もいると思う。

でも、私は違うと思う。ダーリアの住居はほかの子と変わらないし、置かれている状況は同じはずだ。それなのに、ダーリアがキャンプに対してそんな思いを持っていたのは、ダーリアが「人」というものが好きだからと思う。どんな人とも仲良くなることは、その人自身が「人」が好きで、仲良くしたい、と思わなければできないことだと思う。「キャンプにもどりたい」。この驚きの気持ちを知って、私はダーリアの心の広さと優しさを知った。また、私はダーリアのようになりたいと思った。どんな人とも仲良くなれるダーリア。強い心を持ったダーリア。

私は、自分のことをなにも打ち明けていないし、まだ伝えきれていないと思い、ダーリアに私の気持ちを伝えることにした。

「私は小さいころから今日まで、いろんな人に甘えて生活してきました。だから、がんばってシリアという遠いところから避難してきて、慣れない生活にも我慢して前向きでいられるダーリアは、私よりはるかにすごいと思います。ダーリアや、シリアの人たちに会ったおかげで、自分を変えることができそうです。ありがとう。」

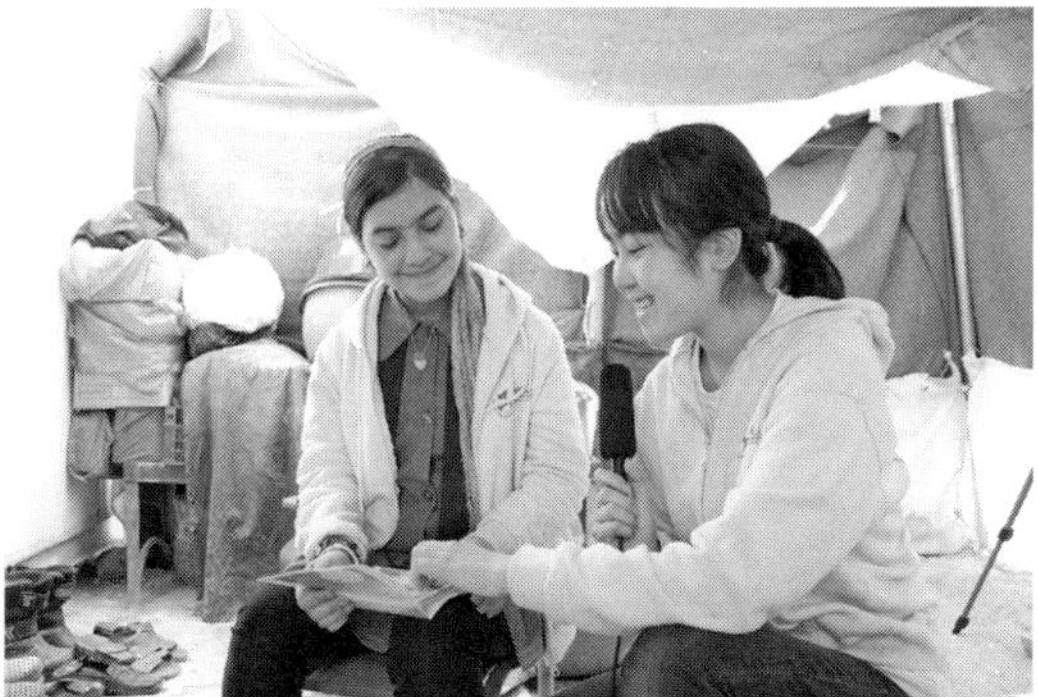

■プレハブ2戸とテントでできたダーリアさん（13歳）の家でインタビューをする太田成美さん

■2014年　ヨルダン取材　佐々木千夏（岩手県／取材当時16歳）

キャンプ体験をしにマラックとウィサムの家に行った。マラックのキャラバン（仮設）の家でお手伝いをした。マラックは働き者で、てきぱきと洗い物やゴミ拾いをこなす。ウィサムのテントは暑かった。大家族がテント1つで暮らしているという状況に驚いてしまった。毎日テントで暮らし、水汲《く》みをする。耐えられるだろうか？

遠足で仲良くなったジャミールの家へ取材に行った。ジャミールはシリアのどこが好きか尋ねると、大粒の涙を落とした。その何個か前の質問から、彼の目に涙が浮かんでいるのに気づいていた。一瞬、「これ以上シリアやつらいことを思い出させるのは止めよう。可哀想だ」と思った自分がいた。でも目を逸らしてはいけないと思った。その先を聞くことが私がここに来た意味なんだ。彼が見たもの、経験したことを持ち帰らなくちゃ。そう思うとどうしようもなく心が痛かった。苦しかった。彼らはもっとつらい思いをしてきたのに、その傷をえぐってしまうような気がして心が痛かった。でも私は自分の経験（東日本大震災）から感じたこと、シリアの

■マラックさん（13歳、左）がいつも手伝っている水汲みを体験する佐々木千夏さん（右）

人たちもまた歩き出せると思っていることを伝えることができた。他人の過去を聞く、取材というもののきびしさを知って思い悩んだけど、すべての取材を終えた私に後悔はなかった。

ジャミールが言っていた「シリアは愛すべき故郷」。ジャミールのお父さんの「故郷はお母さんみたいなもので変えることはできない」という言葉。すべてが私の胸でしずかに光っていた。乾いたザアタリ難民キャンプの風を浴びて歩くこともうない、と思った。そう思うと、たしかにそこに生きた、もう二度と会えないであろう人への愛しさで心が詰まって苦しかった。次会うときは、願わくは平和になったシリアで。きっと、笑顔で。

3年後、再びキャンプを訪れた佐々木千夏さん

取材から3年が経った2017年3月、佐々木千夏さんは中東問題を学びたいと国際関係学部のある関東の大学に進学し、アラビア語の勉強をはじめていました。「友情のレポーター」としてヨルダンを訪れた高校1年生のとき、佐々木さんは「再びヨルダンにもどり、シリアの友だちと再会する」と決意し

■難民キャンプ内の学校の前で記念撮影。左から佐々木千夏さん、マラックさん、ダーリアさん、太田成美さん

たそうです。

大学の短期留学プログラムの一環でヨルダン渡航を実現した彼女は、ＫｎＫスタッフの出張に同行するかたちで、ザアタリ難民キャンプを再訪しました。「友情のレポーター」として訪れたときに仲良くなったシリアの子どもたちが、3年後も変わらず難民キャンプで暮らしていることに戸惑いつつも、佐々木さんは彼らとの再会を喜びました。

■ヨルダン再訪回想録（抜粋）　佐々木千夏（再訪当時19歳）

3年前に仲良くなったマラックを見つけました。私はお姉さんになったマラックを見てうれしくてしかたなかったです。声をかけると、マラックもすぐ私を見て笑顔で手をとってくれました。「お姉さんになってとてもきれいで一瞬マラックかどうか考えちゃった」と伝えると「うそでしょ」と恥ずかしがって笑っていました。マラックは英語の勉強をがんばっているようで、今回はいろんなことを英語で話しました。お互いたどたどしい英語でも、通訳を交えず話しているとより近い存在になれた気がしてほんとうにうれしかったです。

■佐々木千夏さんとマラックさんとの3年ぶりの再会

（中略）

マラックのお父さんとお母さんは、私がアラビア語の勉強をはじめたと聞いてとても喜んでくれました。現地の学校の先生たちもとても喜んでくれて、私は日本にもどってからまた大学生活をがんばろうと思えました。まだあいさつや簡単な文章しかわからないけれど、彼らの文化にすこしでも理解を示せたらと思ってはじめたので、喜んでもらえてほんとうによかったです。次来るときまでにアラビア語で会話できるように高いモチベーションを持ってがんばりたいと思います。

３年前に仲良くなったダーリアさん、ウィサムさんたちも、ザアタリ難民キャンプで生活していました。避難生活が長引くにつれ、状況が悪化してしまっているのではないかと心配していた佐々木さんは、元気に勉強をつづけている彼らと再会し、それぞれの成長を確認しました。

佐々木さんはこう語ります。「私はまたかならずこの地にもどってきます。それまで日本で当たり前の日常に感謝しながら、彼らのことを思いながらがんばります」。

■ヨルダンと日本、離れて暮らしていても、ともに成長しよう！

「国境なき子どもたち」を通じて参加できること

●知る・関心を持つ

「友情のレポーター」のように現地へ行くことはできなくても、日本にいながらシリア難民について調べることや、認識を深めることはできます。ＫｎＫのウェブサイトでは、佐々木千夏さんたちの取材レポートの全文を読むことができますし、18分ほどにまとめた動画を視聴することも可能です。

継続してシリア難民の情報を知りたいときは、ぜひＫｎＫのウェブサイトや国連難民高等弁務官事務所（ＵＮＨＣＲ）、日本でシリア難民を支援している団体などを通じて、情報収集をしてみてください。

東京都新宿区にあるＫｎＫ事務局のご訪問やスタッフの講師派遣も受けつけています。くわしくはＫｎＫウェブサイトをご覧いただくか、事務局までお問い合わせください。

●参加する・広める

シリア難民の問題を、日本で暮らす人びとにも「自分ごと」としてとらえてもらえるよう、写真展や講演会などのイベントを、主に関東近辺で開催しています。

ヨルダンの駐在スタッフが日本に一時帰国したときも、フォトジャーナリストの安田菜津紀さん（２００３年・友情のレポーター）やジャーナリストの堀潤さん（元ＮＨＫアナウンサー）らと、トークイベントを開催しました。このとき、来場者から「自分以外の人たちに関心を持ってもらうにはどうしたらよいでしょうか？」という質問が投げかけられました。

世界各地を取材し、シリア難民問題にもくわしい安田さんからは、「シリア料理のレストランに誘ったり、誰かの誕生日にシリアの石けんをプレゼントしたりするなど、日常にシリアに対する関心のフック（きっかけ）をつくることはできる」というアドバイスがありました。

堀潤さんからは、「今日、このイベントがあったことをＳＮＳで発信することで、巡り巡ってシリアの人たちにも届き、自分たちの境遇に関心を寄せてくれる人が、日本にもいるんだと勇気を与えられるかもしれない」というアイディアをいただきました。

■ザアタリ難民キャンプを取材するフォトジャーナリストの安田菜津紀さん（2013年）

イベント開催情報は、ＫｎＫのウェブサイトやＳＮＳ、メールマガジンで告知するので、ぜひ登録やフォローをしてください。イベントを支えてくださるボランティアの登録も随時募集しています。くわしくは、ウェブサイトをご覧いただくか、事務局までお問い合わせください。

●寄付する

ＫｎＫがおこなうシリア難民支援のうち、ザアタリ難民キャンプでの支援事業は一般の方々や企業からの寄付金で成り立っています。支援会員（会費／一般：1万２０００円、学生：５０００円）やマンスリーサポーターとして、これらの活動を支えてください。

小・中・高校生のみなさんには、「友情の5円玉キャンペーン」という募金プログラムへの参加や、学校単位で古本などを集めて寄付金に代える「ボランティア宅本便」への参加を推奨しています。

「なにかをしたい者は手段を見つけ、なにもしたくない者は言いわけを見つける」

■堀潤さんと一時帰国中のＫｎＫヨルダン現地事業総括・松永晴子との対談（２０１７年）

これは、シリア人やヨルダン人の多くが属する、アラブ世界のことわざです。

この本を読んでくださったみなさんも、シリア難民の子どもたちのためになにかをしたいと感じていただけたなら、ぜひ自分なりの手段を見つけて行動してもらえるとうれしいです。

■「世界の子どもたちのことを学びたい」と事務所に話を聞きにきた横浜市立秋葉中学校のみなさん。ボランティア宅本便にも協力してくれました（2017年）

おわりに

今世紀最大ともいわれるシリアの人道危機。罪のない大勢の子どもがその犠牲となり、子どもたち一人ひとりが苦しみや困難を抱えるようになりました。でもこの本は、戦争がどんなに残酷で、それを体験した子どもたちがどれだけ痛みを抱えながら生きていくのかを描いているのではありません。

ヨルダンで避難生活を送る子どもたちが、学校で友だちとサッカーで遊んだり、先生に優しい言葉をかけてもらったり、国境なき子どもたち（ＫｎＫ）のスタッフと工作を楽しんだりしながら、将来の夢を見はじめる、そんなエピソードがたくさん詰まっています。

２０１３年3月、ＫｎＫがヨルダン北部の難民キャンプで活動を開始したとき、毎日のように爆撃を受け、家族の死を目の当たりにし、シリア中を逃げ回ってようやくヨルダンにたどり着いた子どもたちは、相当なストレスを抱えていたようです。生徒同士の口げんかや学校でモノを壊すなどの暴力は日常茶飯事。言葉がうまく話せなくなってしまう子や、故郷の歌を歌いながら泣き出してしまう子もいました。

そんな子どもたちのさまざまな想いを受け入れ、あきらめずに耳を傾けてきたシリア人、ヨルダン人の先生、さらに子どもたちや先生を支えてきたスタッフの真摯な眼差しを、この本のはじめから終わりまでみなさんは感じとることができたと思います。

中には、自分も戦闘に参加するといってシリアにもどってしまった青年もいました。家計を助けるために子どもを働きに出す家庭、15歳の娘にお金持ちとの結婚を強制する親たち。大人の不条理を子どもたちが背負い、未来が閉ざされてしまわないように、私たちができることはなんでしょうか。

子どもらしく過ごせる時間をとりもどせるよう手助けをすること、そして、つらい過去に向き合ったあとに希望を持って子どもたちが歩み出せるよう、時間をかけてその成長を後押しすることだと、ＫｎＫは考えています。

ヨルダンでは、シリア人の流入に対して否定的な感情を持つ大人も少なくありません。影響を受けたヨルダン人の子どもからいじめを受けるケースも頻発したことから、ＫｎＫはヨルダン人とシリア人が、相互に知り合い、楽しい時間を共有する課外活動を難民キャンプの外、ホストコミュニティで実施しました。

「子どもたちが互いの違いを認め合い、友情を育み、ともに成長できる社会」は、ＫｎＫが目指すビジョンの１つです。相手の気持ちや価値観を受け入れることは、紛争に直接交わる国ぐにだけでなく、私たちの「変えていく力」も強くすることができると信じています。

紛争がはじまる前のシリアは自然にあふれ人も温かく美しい国だった、とみんなが教えてくれます。今シリアやシリアの人びとに起こっていることは私たちの想像をはるかに超えていますが、遠い国のことだから、解決できるわけがないからと、あきらめてはいませんか。

もしもみなさんが、難民の子どもたちの人生に想いを寄せて、自分になにができるかを考えはじめてくれたなら、それがシリアの子どもたちを未来へつなぐ一歩となるはずです。

国境なき子どもたち　支援事業統括　大竹綾子

参考になる本・おすすめの本

『アンコール・ワットの神さまへ――「国境なき子どもたち」の記録』石原尚子著／岩崎書店／2002年
『ぼくは12歳、路上で暮らしはじめたわけ。――私には何ができますか？ その悲しみがなくなる日を夢見て』国境なき子どもたち（KnK）編著／合同出版／2010年
『織物を未来の色に染めて――カンボジアの二人の少女』秋山浩子著／汐文社／2014年
『君とまた、あの場所へ――シリア難民の明日』安田菜津紀著／新潮社／2016年
『シリア難民――人類に突きつけられた21世紀最悪の難問』パトリック・キングズレー著／藤原朝子訳／ダイヤモンド社／2016年
『写真で伝える仕事――世界の子どもたちと向き合って』安田菜津紀著／日本写真企画／2017年
『窓をひろげて考えよう――体験！ メディアリテラシー』下村健一著／艸場よしみ企画・構成／かもがわ出版／2017年
『私はドミニク「国境なき医師団」そして「国境なき子どもたち」とともに――人道援助の現場でたどってきた道のり』ドミニク・レギュイエ著／金 珠理訳／合同出版／2017年
『堀潤の伝える人になろう講座』堀 潤著／朝日新聞出版／2018年
『未来を変える目標 SDGsアイデアブック』Think the Earth 著／蟹江憲史監修／紀伊國屋書店／2018年
『ジャーニー――国境をこえて』フランチェスカ・サンナ著／青山真知子訳／きじとら出版／2018年

②アフガン難民

1979年、イスラム系武装組織がアフガニスタン政府（社会主義政権）に対し武力蜂起《ほうき》すると、同じ社会主義国であったソ連（今のロシア）がアフガニスタンに侵攻し紛争が発生。89年にソ連軍は撤退するも、政府軍と反政府武装組織との内戦はつづき、武装勢力の1つ「タリバーン」が政権を握る。2001年9月11日、「ニューヨーク同時多発テロ」を実行したとされるイスラム過激派組織「アルカイダ」への報復を掲げて、アメリカと有志連合がその本拠地とされたアフガニスタンへ武力攻撃を開始。タリバーン政権は勢いを失うが、武装組織によるゲリラ戦や自爆テロ攻撃は今なおつづいており、40年にもおよぶ内戦や戦争によって、シリアに次ぐ約250万人もの人びとがアフガニスタンから国外に逃れて難民となっている。

④ソマリア難民

1960年に旧宗主国イギリスから独立を果たしたソマリアでは、独立後も国内での氏族対立や、隣国エチオピアとの戦争が起こり、国内の政治や経済、国民生活の荒廃が進んだ。特定の地域や氏族を優遇する政府に対し、1982年に反政府勢力による武装闘争が始まると、1988年には政府軍と反政府軍の内戦に拡大、国連が介入するも内戦は泥沼化していった。2012年11月には選挙によって正式な政府が誕生したが、国内の混乱状態に乗じてイスラム過激派組織「アル・シャバブ」が台頭。今も戦闘がつづくなかで、大規模な干ばつによる飢餓も発生しており、約100万人ものソマリア人が隣国ケニアなどの国外へ避難している。

⑤ロヒンギャ難民

135の民族からなる多民族国家ミャンマーでは、1948年のイギリスからの独立後、ラカイン州に暮らす少数民族ロヒンギャをベンガル地方からの「不法移民」とみなし、排外政策がとられてきた。背景には、国民のロヒンギャに対する人種差別意識、仏教国であるミャンマーの中でも数少ないイスラム教徒であることへの嫌悪感、ロヒンギャが自身をミャンマーの土着民族だと主張することへの強い反発があり、1982年の国籍法でロヒンギャは無国籍となり、2015年には選挙権・被選挙権も剥奪《はくだつ》された。2017年8月、不満を募らせたロヒンギャの武装集団がミャンマー警察などの施設を襲撃し、それに対して政府軍や治安部隊が「掃討作戦」をとったことがきっかけとなり、短期間で67万人以上のロヒンギャ難民が隣国のバングラデシュに避難する事態となっている。

世界の難民

世界では、2017 年末までに、紛争などによって国内外に逃れた難民や国内避難民の数が 6,850 万人に上り、110 人に 1 人の割合となりました。自国の外に避難した難民は 2,540 万人、国内で避難を余儀なくされている国内避難民は 4,000 万人、難民申請をしている人びとは 310 万人といわれています（UNHCR 発表データ／ 2018 年 6 月 19 日）。

本書で紹介したシリア難民以外にも、それぞれの国や地域の事情によって難民が生み出されています。ここでは、第二次世界大戦後の難民問題をいくつか簡単に紹介します。

①パレスチナ難民

1947 年、国連による分割決議でイスラエルとパレスチナの間に境界線が引かれ、翌年にはイスラエルの建国宣言を受けて中東戦争が勃発し、イスラエル側に住んでいた 70 万人以上のパレスチナ人が故郷と家を離れ、周辺諸国に逃れ、難民となった。以降、度重なる中東戦争やイスラエルによるユダヤ人入植地建設などによってパレスチナ難民は増えつづけ、70 年の歳月を経て避難先で 2 代、3 代と世代を継ぎ、今やその数は 580 万人にも上る。とくに、隣国ヨルダンでは 217 万人ものパレスチナ難民を受け入れており、ヨルダン人口の半数以上はパレスチナ系住民になっている。

③南スーダン難民

南スーダン共和国は世界でいちばん新しい独立国家である。1983 年から 22 年間つづいたスーダンの第二次内戦が 2005 年に停戦となり、南部の自治政府が認められると、2011 年に南部の分離独立に関する住民投票が実施され、圧倒的多数の賛成で独立を果たした。しかし、独立後の派閥争いや石油の利権などをめぐる反目によって、2013 年、南スーダン政府軍と反政府勢力、スーダン政府軍との三つ巴《どもえ》の内戦が再燃。反政府勢力のスーダン人民解放軍や民兵集団が勢力を拡大しながら、民族対立などによって内部分裂をくり返しており、今「もっとも急速に難民が増えている国」といわれ、2016 年末までに 140 万人（世界第 3 位）の難民が国外に避難している。

⑥エリトリア難民

1991 年にエチオピアから独立したエリトリアでは、93 年に大統領に就任したイサイアス・アフェウェルキによる独裁政権のもと、重大な人権侵害が起こっている。18 歳から 60 歳までの男女が無期限で徴兵されており、野党の結成も報道の自由も認められず、数多くの政治犯といわれる人びとが拘束され、国民の 99%がインターネットを使用できない状態に置かれている。政府による圧政と貧困から逃れるため、約 46 万人もの人びとが、中東やアフリカを経由してヨーロッパを目指して国外へと脱出している。

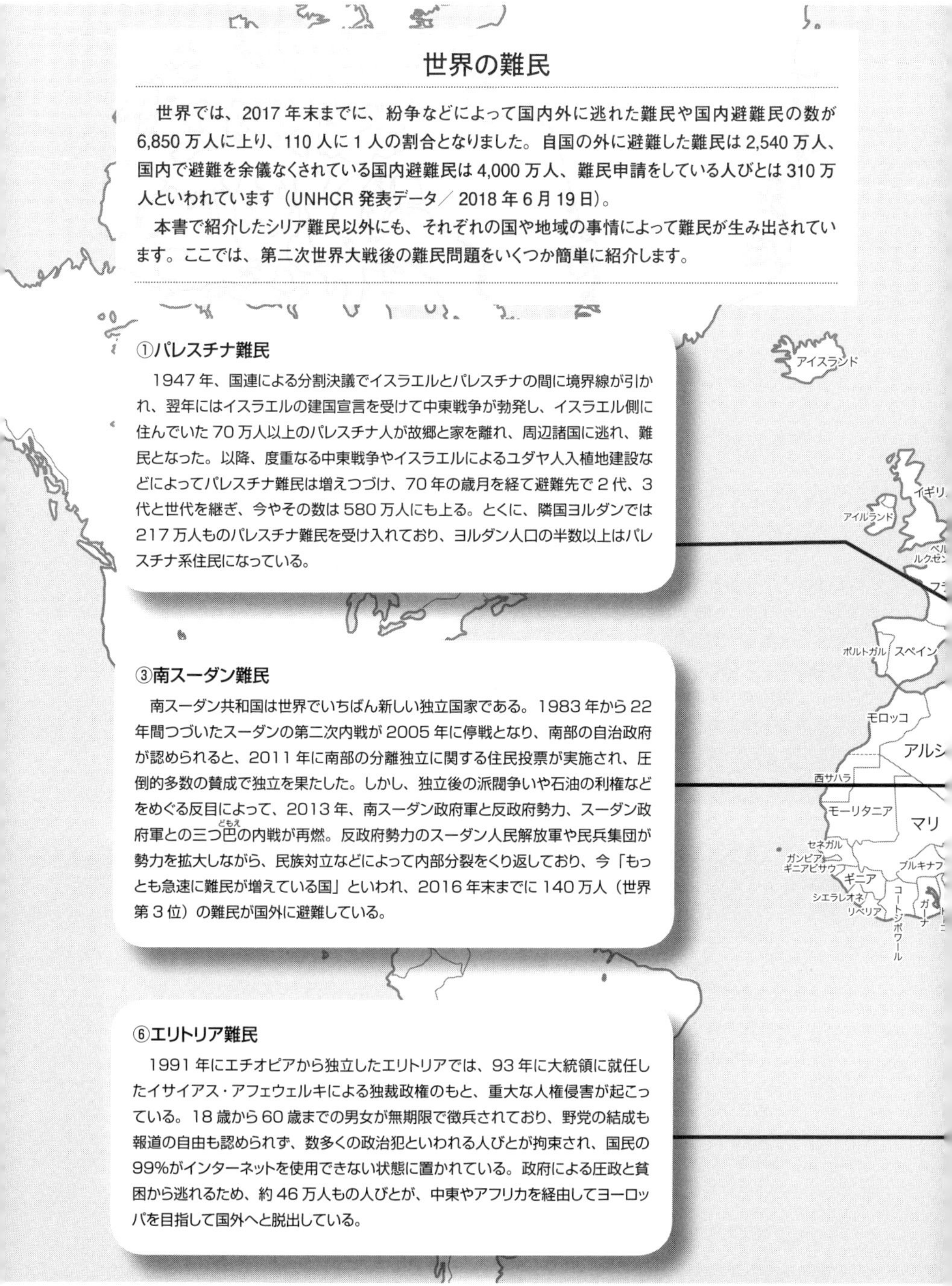

■団体紹介
国境なき子どもたち

国境なき子どもたち（KnK）は、1997 年に日本で設立された国際協力 NGO です。これまで 15 カ国（地域）において 8 万人以上の子どもたちに教育機会を提供し、自立を支援してきました。「国境を越えてすべての子どもに教育と友情を」というビジョンのもと、世界の困難な状況にある子どもたちに寄り添い、国内では国際理解促進に注力しています。

【連絡先】
〒 161-0033　東京都新宿区下落合 4-3-22
Tel : 03-6279-1126　Fax : 03-6279-1127
ホームページ　http://knk.or.jp
＊事務局受付　月～金 10 時～18 時

【寄付先】
●インターネット寄付／クレジットカード決済
https://www.knk.or.jp/donate/net.html
●ゆうちょ銀行
加入者名：特定非営利活動法人 国境なき子どもたち
口座番号：00120-2-727950
●三菱 UFJ 銀行　高田馬場支店
口座名義：特定非営利活動法人 国境なき子どもたち
口座番号：普通 1017631

【ご支援・ご寄付をお寄せくださった主な企業・団体のご紹介】
・特定非営利活動法人ジャパン・プラットフォーム
・Ouest-France Solidarite
・宗教法人真如苑
本書で紹介している、国境なき子どもたち（KnK）のヨルダンにおけるシリア難民支援活動は、これらの方々と多くの個人支援者の方の温かいご支援により可能となります。

■執筆者紹介

佐々木恵子（ささき・けいこ）

1978年生まれ、大阪府出身。大学卒業後、在住外国人支援に従事。2008年、大学院在学中に「国境なき子どもたち」ヨルダン事務所でインターンを経験。2009年より「国境なき子どもたち」東京事務局にて海外事業オペレーションを担当。

清水 匡（しみず・きょう）

1970年生まれ、千葉県出身。大学卒業後、映像制作会社勤務、イギリス留学を経て1999年から国際医療援助NGOを経て、2003年より「国境なき子どもたち」東京事務局に勤務。写真家としても活動中。

福神 遥（ふくがみ・はるか）

1985年生まれ、東京都出身。建設会社でのケニア、タンザニア勤務を経て、2015年よりプロジェクトコーディネーターとして「国境なき子どもたち」の活動に参加。 2015年から2017年まで、「国境なき子どもたち」ヨルダン事務所にて、ザアタリ難民キャンプ事業に従事、2017年より同パレスチナ事務所勤務。

牧野アンドレ（まきの・あんどれ）

1993年生まれ、静岡県出身。2015年、ベルリン留学中にギリシャのレスボス島、イドメニ難民キャンプなどで難民支援に参加。大学卒業後の2017年よりヨルダンのザアタリ難民キャンプでシリア難民の生計向上支援、教育支援に携わる。2018年夏より英国サセックス大学修士課程在籍。

松浦ちはる（まつうら・ちはる）

1973年生まれ、福岡県出身。大学卒業後、ドキュメンタリー制作を学ぶ。広報ビデオの制作に携わったことをきっかけに、2003年より「国境なき子どもたち」東京事務局に勤務。広報・ファンドレイジング担当として現在に至る。

松永晴子（まつなが・はるこ）

1980年生まれ、愛知県出身。日本、ベトナムでの美術教員を経て、2011年よりヨルダンにて青年海外協力隊の活動に参加。その後もヨルダンにてNGOに勤務し、2014年より「国境なき子どもたち」ヨルダン事務所にて、ホストコミュニティおよびザアタリ難民キャンプ事業に従事。

わたしは 13 歳、シリア難民。
——故郷が戦場になった子どもたち

2018 年 11 月 30 日　第 1 刷発行

編 著 者　認定 NPO 法人 国境なき子どもたち（KnK）
発 行 者　上野良治
発 行 所　合同出版株式会社
東京都千代田区神田神保町 1-44
郵便番号　101-0051
電話　03（3294）3506
FAX　03（3294）3509
振替　00180-9-65422
ホームページ　http://www.godo-shuppan.co.jp/
印刷・製本　株式会社シナノ

■刊行図書リストを無料進呈いたします。
■落丁・乱丁の際はお取り換えいたします。

ISBN978-4-7726-1357-6　NDC360　210 × 148